阳明心学十九讲

周月亮 著

故宫出版社

陽明山人

目 录

一、从心里长出来的......007

二、突围："横来竖去"......032

三、真善美："格竹子""龙场悟道""岩中花树"......049

四、隐逸与精警......070

五、豪迈得忧伤　天真到狡猾......088

六、侠儒的"中而因通"......102

七、信解行证"得"身心功夫......124

八、良知即中庸......146

九、"乐"是圣学的本体......174

十、感性的良知......189

十一、王阳明与主流文化的关系......214

十二、我心光明......227
十三、心学的精髓在反精神奴役...... 242
十四、因良知　得自由　以服务......253
十五、功夫是一门哲学艺术......268
十六、众妙之门......282
十七、心实用主义......300
十八、良知共享和共享经济......324
十九、被误解的王阳明及答心友问......345

附录　对话周月亮：让善良的人有力量...... 360
编后记......375

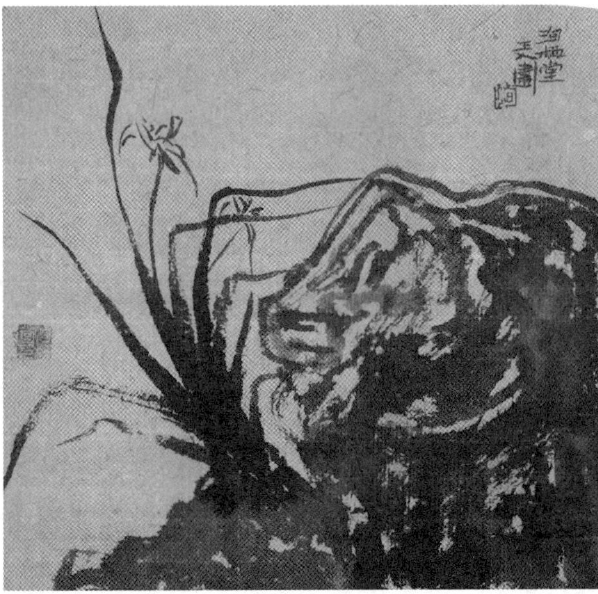

一、从心里长出来的

“说阳明”，肯定是想把王阳明给说清楚了。能把他说清楚，跟把他写清楚了略有不同，这不仅是语音和文字的不同，更是一个超越语言，能否更感性地与阳明学的实体契合的问题。其实，这个契合，也是超语言文字的，是个你的感觉与阳明的感觉能否同频共振的问题。这需要像阳明那样做功夫，至少像他的大弟子那样做功夫。这是今天的人们不敢吹牛的事情。

现在书摊上有各种“王阳明”，你拿过来一抄，哗哗哗的，越不懂越得“抄”。但是要你说他，你不懂，你就只能说你自己，什么一个点，两条线，三个侧面什么的。就我个人而言，不能把他说出来，就证明还没把他掌握了,没有把他化开。我 1998 年写出了《王阳明大传》，到如今 20 年了，这 20 年中反反复复，左修一下,右改一下,比曹雪芹“批阅十载,增删五次”,正好翻了一番,不过,人家那是大经典,我这是小垃圾。除了他是大天才外，还因为，他那“自传”是用血写的，每一句话都是“非如此不可”的心血结晶，我则是用墨水给别人作传，可以从心里长出来，更容易从嘴上喷出来。现在来试着“说”阳明，既是趋俗，试着和读者拉近距离，更是随嘴乱喷，注定是一场“如愿以偿的失败”。我这种酒囊饭袋来说阳明，肯定是瞎说。但我是个“良心人”，不会把他说成酒囊饭袋。我还原阳明接近阳明，他是竹子我来格他，他是岩中花树，我来参详他，我的心与他那朵花的颜色“一起”会明白起来“一些”的。对得起他，事小；让读者有点用处，事大。

像王阳明这种思想家，他本身是“活”的。这个活，好似禅宗的“禅”，才说一物即不中。我们说也好，写也好，用的是知识，是“死”的。今天到处流传的阳明学，是那种“知识文本”，而心学是“思想文本”，需要证悟，不是概念推导的，不是可以复制的，是必须体悟出来的。

我上午还在写王阳明电视剧的剧本，四十集电视剧里想给王阳明找一个贯穿性的台词。你不能让他很早出来就开始讲“良知”，后十集“良知”可以是贯穿性台词，前十集“良知”就不能出现，因为他还没有一口说出“良知”来呢，你让他天天说“良知”，那成了假道学了。前十集，我给他设的贯穿性台词是“从心里长的”，不管说啥，先看这个东西是不是从心里长出来的。

“明星阳明”

在中国出名，一是上中学课本，一是能炒得起来。王阳明过去在中学政治课本里是主观唯心主义的反动代表，最近几年被神话成了大巫师。其实，他既不是主观唯心主义，如果硬套可以说是客观唯心主义，而且唯心主义本不是个坏词，而且即使是坏词也与反动或革命没有必然关系；他也不是什么大巫师，神化他反而会把心学那点好东西变成奴役人的枷锁，他那点好东西在让人解放，活出人样来。

现在，有一种把阳明学“法轮功”化的倾向，这个偶像阳明肯定得把真阳明气个倒仰！一个剧团的团长骂一个女演员：你就是演赵一曼也得把她演浪了！那些把阳明打扮成明星的人，其实是自己想当明星。把阳明举成教主的人是自己想当教主。凡是用传销手段标榜自己要用阳明学爱国创奇迹的都是在“吃”阳明学。中国没有宗教，于是婢作夫人的“副宗教”过多少年就冒会出一个，梦游一番。先炒热了再说。市场经济“加”阳明学，是让阳明学去奴役员工。“明星阳明”是带着看不见的套儿的——但愿别变成“法轮功阳明”。

阳明是很低调的，最恨装神弄鬼的招摇。他觉得自己就是开了个杂货铺、饭馆。这是他的原话，不是我的比方。钱德洪、王畿科举考试回来，王阳明高兴的迎接，二人不好意思，阳明说，我这个杂货铺，你俩回来就兴旺了，“奇货来了，百货可期矣”。阳明逢人就讲，学生劝他要有选择，阳明笑着，我这跟饭馆一样，不管他“吃不吃，且让一让”。

本来，中国企业没有“文化”，用阳明学是大好事，但是许多都是借用，利用，估计这个好使，就编造神话，把阳明学描绘成点石成金的金手指，自己也就成了救世主。他们的良知就是发财的意思。蒋介石学阳明不肯“诚”，所以成了面子工程。人文的精神性是很灵的，心不诚则不灵。人家日本的稻盛和夫是真修行，所以能把阳明学化成真正的企业文化，他没有吃阳明的初心，所以才对人类做出了贡献。我们这里反而有人说稻盛和夫不接地气，不能落地。——大概是因为他太“诚”。

“明星阳明”是嘴里长出来的，不是从心里长出来的。

阳明不是明星，就是个开杂货铺的、开饭馆的。所以，连我这酒囊饭袋也来了。

总有人请我讲心学的窍奥，我可以说经历了三个阶段：也去总结一二三，反问他一二三，现在干脆，绝对认真地说：心学没有窍奥，就像佛法没有法。佛陀说法四十九年实无一法可说。无生法忍的窍奥是让他们去取“法”，你得“无生忍”。我知道的阳明那三不朽都是“忍耐着做”出来的。而他本人是能把麻烦当作游戏的，一如孙悟空的“以战为戏”。你看，他把自己当作开杂货铺、饭馆的，多么天然，幽默，滑稽，没有半点装神弄鬼的“牵强”。

心学这一脉的起源

看所谓正经的历史，你会觉得王阳明在整个明代历史长河里，那真是一朵浪花。在通俗类的明史里，王阳明的介绍也就两页半，一页平南赣土匪，一页平宁王，还有半页介绍在广西思田的剿匪，合起来也就两页半。大明王朝滚滚洪流，那些官当的很大，事很多的人多了去了，但为什么王阳明至今有影响，用杜维明的话说："王阳明心学今天还是儒家思想的源头活水。"阳明之所以能死而不亡，就在于他找到了"心"的"天渊"的功能，他有一次跟学生聊天，正在水井旁边，他即兴地说：心如井中的泉眼啊！后来他把良知比作天渊，也是这个逻辑。他区别那些经院派的学究儒的地方就在于他的学说是"从心里长出来的。"

"从心里长出来"这话好像很土，但它其实是"亲证"的意思。强调亲证是一种突围，突破意识形态的网格。我们中国思想从庄子那会儿，就已经强调什么都"从心里长出来”了，心斋、坐忘这套思维方法，已经有了心学这一脉了。心学这一脉的功夫源头应该是《黄帝内经》——不管这部医经最后成书于何时，它的基本理路在春秋时期已经成形了。《庄子》是坚持了《黄帝内经》的根本精神的，《孟子》也强调浩然正气，但是侧重“用”了，申时行推荐阳明入孔庙，说阳明学不是异端邪说，因为他出自《孟子》。这也对，但是价值观层面的，没有多少方法论意义，现在需要把心学筑基的功夫技术练出来，其核心技术在“仙学”，明朝就有人说阳明学的起脚功夫在与铁柱宫道士的那一夜对谈。他本人一有时间就静坐，终身如此。这样能够修炼心本体，心学是找本心的功夫学。这是“建体”的根上的活儿。建体致用，致用不能离了体，这方面的一个重要环节是《管子》。《管子》里有《心术》上下篇，讲心须虚、静的道理和意义，是先秦著作中最见心学方法的。还有《内业篇》《白心篇》。核心是人心怎样合道。譬如，“形不正，德不来，中不静，心不治”。“凡心之形,过知失生。一物能化谓之神,一事能变谓之智。”挺像阳明那一套,对吧?总之,合了道才可以富国强兵,才能成就一番霸业。人们常说的内圣外王就是这个层面的。人们觉得王阳明有用也是这个层面的。

《管子》这本书呢，不是一个人写的，是当时齐国稷下学宫集体的著作。稷下学宫是最早的论坛，在当时可谓国际论坛，气魄宏阔。人们长住在那里讲学，我讲我的，你讲你的，看谁的听众多，气场大。他们的学说就等着各国的军阀头子们来认，我喜欢你这一套学说，那好，跟我走吧。等不见了，稷下学宫这帮人就分散到各国去游说那些军阀头子。战国和民国时期都有这个特点，中央集权崩了，然后各自为政，这种各自为政就会掀起一个竞赛，而归根到底是人才的竞赛，那个时候就是知识分子的黄金时代。一旦大一统之后，就是叫你说什么就得说什么，到最后什么都不许你说了。

阳明自己说“心学之源”是《尚书》中那篇《大

禹谟》里的那十六个字：人心惟危，道心惟微，惟精惟一，允执厥中，是在给陆九渊文集作序时说的。其实宋明理学都这么说，阳明也是为了证明陆九渊是纯正的理学才特意这么标举一下。单凭这十六个字，能干啥？我现在不是也在说这十六个字吗，我喊破喉咙也是个酒囊饭袋啊。关键是功夫上身，那一套功夫可以抽象到这十六个字上来,但是没有功夫,就是口头禅。

阳明说的知行合一主要是功夫上身的意思。他一生反对口说，反对玩弄光景，他真做功夫，所以最后才能说出我心光明,那个光就是从心里长出来的,不然，死到临头那个时候出不来。

兴高采烈成圣雄

王阳明可以说生在好时候，一生悲喜参半，别人看他好像挺有成，混整了。但是他个人整体上感觉其实是相当悲催的。挨大板子、发配不说，一生不受朝廷待见，基本是在闲曹冷署当散官，他能立功，朝野意外，在他本人是功夫成了，自然会打。而他本人的状态，又像木心说嵇康似的，一直是一个能够兴高采烈的人。兴高就是精神境界高，采烈就是我心光明，内心里有阳光，状态活得不可怜。你看现在好多人，其实状态活得很可怜。为什么？他总是手心朝上要。包括很多教授们天天起来申请项目，填表，想要这，想要那，等于把自己变成了叫花子，然后每个人都“兴高采烈地”把叫花子的事业做得轰轰烈烈。说他们也兴高采烈是讽刺，他们的兴不高，他们身上的光圈是场面，需要用电打出来的，自身没有电源，别人不给光了就黯淡了，要不到东西就不兴高采烈了。他们只有感受没有反思，只是活着，没有“生”活。心学是反对普通的“感受主义”的。

为啥说王阳明好运气呢，他要是生活在明初的朱元璋、朱棣时代，肯定完蛋了。那是强悍的大一统时代，朱元璋像个大村长，他是要那种一览无余的人，谁家结婚、谁家死人、谁家有几头牛什么的，看得清清楚楚……你要背着他做点什么事情他是非常恐惧的。朱元璋的国策是“联合农民斗地主”,朱元璋小时候放牛、要饭，当游方僧实际上也是穿着袈裟到处要饭，他受够了亲民之官的气。李世民当皇帝，就把各地知县的姓名写在他的屏风上，因为这些官员是亲民之官，他们的工作直接影响到老百姓对朝廷的态度，所谓“民亦载舟，民亦覆舟”。

朱元璋有个好政策，他要免一个知县，如果老百姓集体跪在道路两旁，挽留这个知县的话，就顺民意，让这个知县接着干，有点掺和民主意志似的，这个方法一开始很有用。朱元璋知道当官的很少有不贪的，于是他颁布了严厉的法令:贪污 60 两以上银子者，立杀！处死后，还要把贪官的皮剥下来，人皮内塞上稻草，做成稻草人，摆在县衙，让再来的县官每天上班都看看前任的下场，起威慑作用，吓得新县官汗毛都立起来了。皇帝若是雄才大略，精力充沛过人的话，这个社会就被拿得死死的。东方极权主义的本质是什么？就是用国家代替社会。商人是社会最不安定的因素，抑商不是跟钱有仇，而是怕这些自由化分子带给东方集权神话以破产的危险。

朱元璋的文字狱“震古烁今”，而朱棣呢，同样在思想控制方面非常残暴,因为他的江山是非法抢过来的。王阳明生在成化年间，长在弘治年，做事在正德年。他5岁前还不会说话，有点像残障少年（族谱渲染他这一点，有点比方他像上古人说话晚的意思），再后来是问题少年。但是一旦树立了学为圣人的志向，他浑身的气血就有了方向，他的立志不是给老师立的，也不是给皇上立的，是给自己立的，所以绝地处境可以起作用。

阳明兴高采烈的核是胆气。他原先是生理上的胆大，小时候别人不敢跳的沟，他敢跳。后来是精神上的胆大，别人不敢担当的他敢。譬如，别人不敢说圣人之道吾性自足，他敢说敢做；别人怕宁王成了朱棣，观望一阵子再选择，他就敢只身“首义”。

圣雄不是白给的，是修心炼胆“吐”出来的，是从里往外吐，那个光芒也是从里往外吐出来的，不是借个发电机弄了点电从外面打上来的。

胆量是心量的基础。没有胆量就没有心量，没有心量就鼠目寸光。

临界状态才能把自己打开

王阳明成长在弘治朝，弘治是个很善良的人。皇帝对于夫人很忠心的，弘治算一个。后宫三千，他就跟皇后一个，这很难得，而且勤勤恳恳上班，朝政宽大，大伙说什么都行。这种宽松的气氛，是王阳明向往在政治上发展的一个生态环境。等王阳明有了自己的思想以后，又赶上了正德朝。正德皇帝是个痞子英雄，痞得特别好玩。好多人的任性是因为强悍，而正德的任性是因为软弱。特别任性，特别软弱。在感情丰富而混乱方面可以说是中国版的唐璜。

我在电视剧里几乎是实录史料地勾勒阳明这一段“生活”：

弘治皇帝弥留之际让正德给他的师傅行拜师礼，嘱咐李东阳等大学士教导新皇帝“学做好人”。正德登基大典，刘瑾是主角了。阳明觉得可以大展宏图了（有诗和书法作品为证）。因为王华教过正德，所以阳明可以说与正德是同学。刘瑾捎话儿：帝师入阁是规矩。王华傲然不为所动。

刘瑾让正德当“将军”领着侍卫浩浩荡荡从皇宫到德胜门外南海子打猎。然后入由太监组成的市井，还跟正德讨价还价。正德大喜。接着去宫女组成的妓院。皇上当嫖客。正德大喜。

晚上诗坛领袖李梦阳等会议除去刘瑾等八虎，太监偷听，密报皇上。正德要利用刘瑾赶走老臣。李梦阳他们又纷纷上书：老臣不可去、阉竖不能留。有人劝阳明超脱，普及了圣学可以影响百世。阳明说大是大非面前不能担当的圣学连自己也影响不了。

户部尚书把李梦阳的上疏找百官签名。阁臣提出杀刘瑾等八虎，正德说让他们去南京看孝陵，秉笔太监王岳来回传了三次旨意，阁臣发飙不退让。有大臣给刘瑾告密。刘瑾等当晚哭求正德，说王岳和外臣合起来欺负皇上。正德立即任命刘瑾当秉笔太监，领东厂，捉拿王岳。次日，百官跪于午门上疏，刘瑾率领东厂杀气腾腾赶到，廷杖十几个，逮入锦衣卫大牢。余者不散，撼门大哭，呼喊："先帝！"

阳明决定"灯蛾扑火"，不站出来说话羞愧难做人。刘瑾看了阳明的奏疏："这小子倒没直接骂我，不过，不拿了他浪费了我的权力。"王华让阳明穿上厚棉裤，结果"裸杖"，四十大板，开始时阳明笑说"棒喝啊""我开悟了"。后来是："余姚人骨头硬"，终于昏厥，一旦苏醒，就开始用铁柱宫道长教的呼吸法恢复精神。

阳明狱中学《周易》，在狱中过大年。用道教呼吸原理发明"歌诗法"，教狱友唱诗，声音传出大墙。

大学士李东阳是看着阳明长大的，是王华的好朋友，他为了救阳明，在刘瑾面前大骂王阳明，把刘瑾骂笑了，说：留给他半碗饭，发配贵州龙场驿丞。王华被调到了南京。阳明得知铁柱宫道长在武夷山，想去跟他学道，制造了追杀现场，写了泛海诗、《绝命词》，上了武夷山。在武夷山跟道长还有圆通禅师静修，圆通禅师传给他佛心宗，背诵《坛经》，阳明觉得儒释道三教同修才能成圣，佛禅养心、道教养生、儒家养德只是一事，功夫大长。

道长和禅师让他去龙场继续修炼，比在阳明洞能够得到真东西，"不离世间觉"。徐爱、冀元亨磕头拜师。阳明教他们静坐、起而"象形"的"身心一元功"。他们表示要跟老师一块儿去龙场，阳明说你们赶紧参加三年一度的考试去。

他路过广信，专门拜访娄一斋：十年前你告诉我圣人必可学而至，我现在怎么办？娄一斋说圣人发配也就你这样。娄领着阳明一起背诵《孟子》天将降大任于斯人。阳明找到了学致圣人的感觉。

阳明到了龙场（龙场瘴气弥漫，民生艰苦），因为是发配，他这个驿丞并不能住驿站，阳明不得不住到山洞里，阳明在洞里用自己的歌诗法唱新作的《去妇叹》，歌声哀婉。晚上睡在石板上，梦见孟子给他讲良知良能，讲王天下。

当地的苗人用草算卦：是否给新来的这个人下毒。卦说不行。贬官到此的刘仁徵给阳明当翻译，阳明用《药王菩萨化珠保命真经》（暗加草药）给当地小孩治疗天花，改变了把生了天花的孩子放在野地里、三日不死再抱回的习俗。他们以阳明为神，给阳明盖房子、种地，阳明一边和他们一起干活一边给他们讲华夏的风俗伦理。刘仁徵死，阳明祭奠（《瘗旅文》）。

阳明觉得下一个就该我，在石棺材里面静坐，浑身大汗，突然门被风推开，阳明惊醒，一跃而起，说："得见本来，得见本来！"阳明看到外面的世界：高山流水、鸟语花香，阳明说：苦乐由心啊。

阳明给当地苗人讲：圣人之道就是成圣之道。苗人问：圣人是什么？阳明说是地上的神仙，吃饭穿衣和你我一样，就是比你我伟大。问：伟大干什么用？阳明说救百姓、变世道。

取鼓得声

正德皇帝的父亲弘治不瞎折腾，让大家都各安其事，好好待着呗，王阳明老想着往上蹿。他感觉弘治那个年代不朝气蓬勃，他想大显身手就觉得不得志，正德当了皇帝的时候，他特别兴奋，感到机会来了。三十来岁已经写诗写出来点名气，自视甚高，又换了皇帝了。他跃跃欲试要来露一手，他买了一个砚台，在上面题诗，说盛世来了。结果上书言事，打了四十大板，发配。什么叫挫折，这就叫挫折——他进入新的漩涡。

人们渲染四十大板能把人打死啊，其实基本上打不死。《新水浒传》电视剧，打卢俊义的细节特别好，打得杖子两头颤。其实王阳明在挨板子的人里面是最幸运的，好多人不但挨了板子，还被开除了、开回老家去了。其中有个人叫蒋信，这个人豪情满怀，第一次是和王阳明一起挨的打，不服，又上书又打一遍。到最后他说杀了刘瑾以谢天下，再杀了我以谢刘瑾。打到一百杖的时候，还没死，最后到家缓不过来才死了。所以说一般打板子打不死，你看蒋信能挨三轮，又不像卢俊义有功夫。所以说王阳明挨一轮，打不死。那个打主要是政治上的一种侮辱，朱元璋发明的廷杖，就在国务会议会场上，脱了裤子就打。政治侮辱大于形体惩罚。有的人就被气死了，自杀的很多。

这就考验气量了，王阳明这位老兄跑到监狱去上大学去了，这回清静了，正好研究《周易》，给自己打卦。所以他心的力量很强大，他龙场悟道不是偶然的，他有他的特点，当落到底的时候，自己总能转胜。毛主席在红军所剩无几的时候，偏偏要写出："今日长缨在手，何时缚住苍龙？"阳明被打入锦衣卫的牢狱里面反而把《周易》给弄通了。《周易》是一部忧患之书，不忧患谁算卦啊。包括做卦的人，“文王拘而演《周易》”，他被拘留后才演周易。钱锺书的《管锥编》的第一篇，就是易有三名，简易、变易、不易，其实还有第四种就是交易。没有交易就不能流通，不简易就不好掌握。简易清通，通了就简了。不通就往里塞话，越塞就越不通。通了，就可以不易了。同学们记住：“易”，是心学的魂。

心悟转《法华》，心迷被《法华》转。坏事变好事需要条件，王阳明坎入大牢结识了杨一清，杨是因为别的事进来的，我推测啊，他俩在大牢里就成了好朋友，在外面你官大我官小的，在牢里就平等了，容易成朋友。后来王阳明复出之后，恢复正常官职还是七品官，当了没几天又调了，又调了，又调了。那个奇迹就是靠杨一清，杨发现阳明这个人德才兼备。坐大牢对人的心智是一种极限训练。不抛到那个极限里就得不到锻炼，就像练功，今天必须比昨天多一点，那才能长进，不多就不过是个维持。一松劲儿，就像今天的太阳忘了昨天的太阳似的。

杨一清后来是最反对阳明入阁的一个。是因为阳明与杨一清的政敌王琼走得太近了。使用阳明去建功立业的正是兵部尚书王琼。这里有人性和政治性的关系，与良知一致的体制只有大同世界时。阳明在有名的《与聂豹书》中深情呼唤良知治天下达到大同境界，成为中国思想史上的宏文。——也是著名的“彼岸花”。

自性自求

关于龙场悟道，人们已经说了千言万语，还有万语千言要说，我总想叫它“龙场开窍”。他的学生为了庄严老师，冠以大字眼，然后上来就下不去了。其实也就是开窍，开了窍才能上道，开窍就是打开了自己的心门。这个心门,是什么呢？就是个“空”。与空对立的是“执”，过去执着的一切，现在都没有了，名闻利养、功名利禄都没有了，命运替他破了。他只能在“无”处翻身了：禅为诗家切玉刀（元好问），“哑子饮水，冷暖自知”，他此刻的“经验”是不可替代的，能够在大牢里学《周易》的王阳明，现在跑到了天地大牢房里，从自然条件上比锦衣卫大墙里面差，从心境上则比大墙里面亮堂，他只能用易道提住心、“以心化境”来求绝处逢生了。

就算是悟了道，悟后迷是常有现象，顿悟后必须辅之以渐修，而且悟以后的修才真起作用。不管开窍也好，悟道也好，其核心的一点就是他找到了“心”。所谓“圣人之道，吾性具足”就是圣人之道是我心里长出来的，不能从朝廷里配送，也不用从故纸堆里找，更不能半信半疑、三心二意、口是心非，从外面找永远找不到，只能往回找，从心里头长出来！这是禅宗的根本原则：自性自求！而且只有这一条路。它躺在石棺材里面只能“自观”“返观”“现量观”。慧能说“学道之人能自观，即与悟人同一类”（《坛经》三三）。阳明于无处找心，找到了！所谓开窍就是感觉刷新了。

所谓佛性、佛性，就是佛成了你的“性”。星云大师说过，共产主义你信它，它就是你的，也是这个道理。龙场悟道所悟的格物致知，就是要把所有外化的东西都从心里找到“根”，找到根了就是“行”：帝王事业也要从心头做！知行合一的要素在这里。

发明了苹果电脑的乔布斯可能没有受过王阳明的任何影响，他生前说过一番话却颇得心学旨趣：人活着不要被教条所限，不要活在别人的观念里，不要让别人的意见左右自己内心的声音，要勇敢地追随自己的心灵和直觉。

二、突围："横来竖去"

阳明的一生是一部圣雄人格怎样炼成的大戏，把这部大戏说清楚就又变成了一部揭示传统文化结构特征的大戏。在当时他是个政治人物，与大学士李东阳诗文唱和，他三考进士，在国子监读书，他培养的学生在科举考试中屡屡高中，当大官的学生很多，中小官僚满坑满谷。还有与宫廷的关系，他父亲王华是给皇上讲课的人，他在政治的链条里终身都是皇上的一个棋子，在朝廷六部里他除了没有在户部干过，别的部都走了一圈，官场是传统文化的主场，阳明给邹守益写信：切勿踏入官场，这里是个大粪坑。

突围

王阳明的一生是个突围“表演”，从各种“圈子”里突围，起初是从父亲代表的正统圈子突围，杜维明的《青年王阳明》就侧重写了阳明暗中与他爹较劲。包括不稀罕只管一世的状元，要学圣人，等于用永恒的对付现实的，用大的超越小的。这个劲也用于对待小朋友。过去那帮小伙伴找他玩耍时，他变脸了，不跟你们玩了，我学做圣人呢，不耐烦和你们“打扑克”了，你们快走吧。他晚年说自己少年时候有抗厉之气。你说你没时间不就完了呗，他不，他非说自己学圣人呢，跟划清界限似的。可以说，一开始他用抗厉之气突围。

然后是前七子诗人圈子、科举考试的圈子，尤其是从政治圈套中突围、从思想窠臼中突围。这些内容以后会陆续讲到。

王阳明检讨他的抗厉之气主要是指他 28 岁中了

进士，观政当见习生时给皇帝上边务书，大谈边疆防务问题。他不想按部就班地磨到老，他想突飞猛进，早点建功立业。一个见习生，直接给皇帝写奏折。这种抗厉之气，就是我们现在说的强势的强。抗厉就是过分。中国古代是农耕文明，中庸之道是一个近似真理的标准，而中庸就对这种过分特别反对。庸庸碌碌那个叫不及，凡庸的是大多数，出来个别聪明的，欲望大的，这种人往往就要“过”，“过”就是那抗厉之气。现代社会和古典社会的一个根本区别就是，现代社会鼓励抗厉之气。在这个商业社会，就是要有这种抗厉之气,要没有点抗厉之气,你永无出头之日。但是，一旦成功了以后，千万不要有抗厉之气。没有打出一方世界的时候，要去打拼，就要用“强”，没点“强”不行，已经强了，就要用谦抑了。这也算阴阳之道。

王阳明这个抗厉之气一直到啥时候呢？一直到被刘瑾打那四十大板。四十大板其实是把他的抗厉之气彻底打飞了，要没有那四十大板，王阳明弄好了当个宰相什么的，一路顺风顺水的。但是，他不会有后来这种思想成就，不会到今天我们还在讲他。

其实，突围换个说法，就是考过去，他的一生贯穿着一个“考”字，考试、考验、考问。年轻的时候各种修炼都是考试，也包括八股考试，中年军政考验，晚年思想考问，考自己也考别人，生活和灵魂随时都在“考”人。总有一杆秤在“衡量”着，衡量得所有人都精心、细心地活着。

最怕白活一场

王阳明最想成圣雄，最怕的是白活。少年阳明是个“精”字，小时候精灵鬼怪地淘气；大一点搞各种人性的实验——格竹子，当圣人；筑室阳明洞，想长生不死，学兵法。中年阳明就是一个“气”字，作志士仁人、廷杖、发配，讲学。晚年阳明就是一个“神”字：致良知一派神行。最怕白活一场的王阳明把自己弄成了一个儒释道“三教合一的王阳明”，政治、军事、文化三股大绳拧到一起的王阳明，然而还是一个自己做自己看、也不怕天在看的王阳明。他始终“返观”着自己，把他的生活返观成了他的思想。他死了，他的思想还活着，所以，他没有白活。

民国的时候，有一军阀纪念孙中山，军阀没文化，拿着稿子还念错，最后大喊:孙中山不死。秘书赶紧提醒:还有精神呢。军阀又喊:对，还有精神呢。死而不亡曰寿。能够称得上死而不亡的很少，阳明绝对是一个。

他没有白活的起脚处在自肯承当，就是认信自性能够成圣。结穴处在不动心，不动心的心才心即理呢，心体与天理融合为一了，心即理是个目标不是现成的，而真善美都在过程！就像一部戏结穴在过程中就是开放性的，像安·兰德的《一月十六日夜》。阳明心学在阳明一生的过程中，一抽象就变成了理学。理学很精密就是有点不招人待见。熊十力只挂两个人的像，一是王阳明一是王夫之。要说博大精深，整个中国思想史上没有比王夫之更博大精深的。阳明的要着在能搔人痒处，是张没有标准答案的问卷，让每个人自己来完成：人人皆可成尧舜，人人皆可成佛！

为了爱而牺牲是心甘情愿（不是为了口号而牺牲），牺牲时感觉到满意，不如此不心安（一生补处），《泰坦尼克》留下《我心永恒》："你向我显现你的来，无论你如何远离我，我相信我心永恒。"我心永恒，就是心即理了。理变成心的本能才能"不动"。

不动心最低标准是不分心，如高手过招不分心时就是不动心时，这个好理解，难理解的是不动心还能发挥出或更能够发挥出高水平，道理何在？道理在不动心时合了理合了道，后天接了先天，不动心才能接先天，如同没用妄念才能找到本来面目，本来面目可以理解成先天。不动心的时候是"神"在起作用了。意念是随波逐流的，神是通天理的。在天理高于常理的意义上，而不是天理与常理矛盾的意义上，不动心接通了天理、能够接通天理（志士仁人）。

他学仙学炼精化气找到了自性，从而能格心格物一体化(知行合一)。后来练气还神悟了心即理,用“乐”来传圣脉，兴高采烈讲学、剿匪、平叛、办学。最后炼神还虚了就用致良知一统宇宙、人心。

书院是阳明的大作品

阳明精神不死靠的是他的学说，学说的推行靠的是书院。“人力资源”则是他的学生。事实上，等于他用办学突围成功，不但突破了政治漩涡的戏弄，也突破了科场理学的窠臼。

孔子被后人层层加冕，唐末一个大臣为了抵抗攻城的部队，居然提议再给孔子的封号上加一个字——以为这样就能退敌了。不管后人怎样追封孔子，都因为孔子是中国民间办学“第一人”。阳明那“三不朽”立德立言毫无疑问是靠讲学，其实他的功业也主要在办学，剿匪平叛只是一时的功劳，办学则功在千秋。

他一生的主要精力也是用在办学上了。剿匪半年，平叛一个月，但他走到哪里都办学、讲学，像个狂热的传教士。先是龙场，办了龙冈书院，后来去了贵州，主讲文明书院。他在赣州建了社学性质的五所书院以教化民俗，修复濂溪书院大讲心学。他和他的学生把白鹿洞书院、岳麓书院等理学的大本营改造成了心学培训基地，把精魂注入东林书院中，他的学生南大吉为他修复稽山书院，这样，明代的四大书院，都成了王学中心。南大吉在朝廷禁毁王学的气候中，专门在绍兴开办阳明书院！嘉靖七年阳明用权力在南宁建立了敷文书院，并要求梧州府照着敷文书院的规模建立一所书院。他死了以后，他的学生方献夫为了抗议禁毁伪学令，公然在皇城庆寿山房聚会 140 多名官员定期宣讲阳明学。长江以南他的学生办的大大小小的书院真是不可数计。

上次讲稷下学宫的时候，就想说稷下学宫其实就是这种阳明办书院的那种书院的源头。中华文化的命脉就在这种书院，这种书院的魂就是“独立之意志，自由之思想”，像岳麓书院、白鹿洞书院培养多少英才！中国要是没有这几大书院，宋代以后的中华文化的生态就会完全不一样。书院是从清朝开始彻底凋敝的，清朝把全国的书院都办成“高考复习班”，不再是自由讲学的地方了，一点思想的火花都没有了。

明朝书院遍天下，之所以这么兴旺，主要推手就是王阳明。王阳明是从民间“火”起来的，在官府主流他始终不得烟抽，王阳明一生都是逆潮流而动的。朝廷也不让讲学，他偏讲学。有人对他说，你只要不讲学，就可以入阁，你哪样都好，就是这讲学毛病不好。王阳明说我什么毛病都能改，就这个毛病改不了，我就得讲学。王阳明在滁州做“弼马温”主要是讲学，剿匪时大部分时间用于讲学办学，平叛决战时还在讲学，奉旨休闲时更是大讲特讲，去思田路上还一路讲学。他做对了，他要是不讲学，在明朝像他这样的官员如过江之鲫，太多了，所以必须要有创造。邓小平说华国锋嘛，“他没有自己的作品”。毛泽东的作品是新中国，邓小平的是改革开放、经济立国，王阳明就是他在民间有自己的作品，你看他的学生，都是他的作品，他学生办的书院也是他的作品。

阳明办学也是一路突围，用的也是突围的方法。譬如，贵州提学副使席书请阳明主持贵州的文明书院，阳明让学生静坐找本来面目，其他教授说这是禅。阳明说不管禅不禅，只管悟不悟。阳明教“九声四气歌诗法”，其他教授说快成了青楼、勾栏瓦肆了。然而学生欢迎，学习热情陡涨，就像那个电影，叫什么《修女也疯狂》。府学教授来考试，其中的学生都有大进步，不得不服。阳明训练他们一“发想”即“省察”：心地法门、念头功夫、恢复礼乐教化。

阳明教学生射箭，要心箭合一。教授说武举才考这个，咱们是文举，阳明说这是孔门真学。阳明又教学生御车，又被讥笑，阳明说这是孔门必备，练的是仪态、团队精神。又教学生各种礼仪，没有反对的声音了，于是演示成人礼、士相见礼，等等。阳明又教学生算数，又有人反对。阳明说孔门真学是这六艺，没有“数”怎么通《周易》。成人成才要全身心地修炼，不是只背诵那几行书。

王阳明与书院里学生的关系，跟过去武术上的师徒关系一样，古人讲入室弟子，就是徒弟年轻的时候，就在师父家吃、睡，跟儿子似的。“要想学得会，除非跟师父睡”就是指的这种感性熏陶，一点一滴的这种，看见看不见的熏陶。从他离开龙冈书院给学生的信中可以看出他们同吃同住的细节、亲同家人的情谊。而现代教育就是一个雇佣关系，我拿工资，你们交学费。我拿工资不得不说，你们交学费了就可以来听，说完咱们一拍两散，像古人那种“师生情”早就没有了。再加上现在这种评估体系，学生给老师打分。任何社会，评估体系都是杠杆，别的体系最后都要落实到评估体系上。有次“两会”上有教授诉苦：“现在哪还有人做学问呢？光顾着挣钱，算钱，算分，填表……”他们还引用张爱玲《倾城之恋》男主角一句话："我们那会儿光顾着谈恋爱了，哪有工夫恋爱啊。"谈恋爱和恋爱那是两回事，现在光叫你谈恋爱，不让你恋爱。真做学问才是恋爱。

突破了科场理学

明朝的八股考试也是只让你"谈"恋爱，王阳明首先针对的就是这种教育体制，这种"科场理学"已经架空了程朱本人的理学，而程朱本人是非常令人尊敬的。王阳明对朱子非常敬重，他反对的是"朱子主义"。吴敬梓有诗"为何父师训，专储制举才"，为何父亲和老师的教训，都要专门培养八股考试的人才，就跟今天一模一样，一点都不新鲜。这种"科场理学"的本质就是把理学变成填空练习题、变成标准答案教育。

阳明怎么突破的呢？譬如，推行《古本大学》，把诚意放在格物前面。办书院，改造理学的书院为心学的，在他说了算的书院、社学里面大力推广“歌诗”活动，还搞歌诗竞赛。八股考试的制度他动不了，他当了首辅也动不了，他力所能及地引导考生状态，让他们考前还游山玩水，他的“升学率”还挺高。真正改变了学界格局的还是他的心学本身、他的学派对社会思潮的影响。

朱熹在宋朝是受排挤的，被官方宣布为伪学。朱熹本人活的也是极其憋屈的，但是到了元朝，把朱熹树起来了。正德朝叫“政荒”，元朝叫“腥政”，起初完全靠屠杀维护秩序，后来利用理学并树立了朱熹为权威。另外，像二十四孝，也是元朝弄出来的。那是以孝杀人，推崇愚忠蠢孝，为了配合屠刀政治而禁锢思想。邓晓芒说传统文化的总病根就是忠孝。五四要打倒的孔家店也主要是吃人的礼教，拿什么吃，拿忠孝这种强调片面服从的道德吃。朱元璋推翻了元朝的政治统治，却接受了元朝的思想遗产，觉得这个好，用起来顺手，大力推崇元朝化的理学。科举貌似教育制度，其实是干部选拔考察制度，科举吸引千军万马的魅力也在于此。中国文化没有断裂，科举制起了重要作用。用钱穆的话说它开放政府，吸纳民间精英。一个放牛娃，考好了一下就可以进宫廷，这是很有感召力的。李世民开科举，坐在角楼上看，天下英雄入我范围了，都给我打工来了，这也是吸纳精英。

正德政荒，嘉靖收网。嘉靖比正德坏好几倍，打大臣、杀大臣比正德多得多。而且是嘉靖把王阳明的心学宣布为伪学，一禁禁了30年。赶到隆庆朝的时候，才把这个紧箍咒打开。爱情是篱笆墙关不住的，思想的光芒更是关不住的。官府一关反而成就了心学“地火”的身份，他的学说证明他突围成功。他年轻的时候，自由探索，做各种人性实验。儒释道三教一块儿尝试，诗歌兵法一块儿练习，这些都为他最后成功做了准备。他是时代的产物，他超越了时代。最重要的是他战胜了时间。

横来竖去　给墙安门

冯梦龙说王阳明一生是“横来竖去”，这词儿好，能传王阳明的神。王阳明打仗，也是你横来我竖去。要是你横来我横挡，那就是打笨架了。在乱世出心学的年代，王阳明之所以招招制胜，要害就在于这种横来竖去得“巧”。这得力于一发想就省察的静观修炼。阳明在南京的“静观楼”的门联是：“放一毫过去非静；收万物回来是观。”

刘备三顾茅庐，诸葛亮死活不出来，刘备号啕大哭：“先生不出，苍生奈何？”哭得诸葛亮说干脆我跟你打去吧（这是小说家言）。梁漱溟说：“吾曹不出，如苍生何？”梁漱溟可以说是中国的最后一个士，士不可不弘毅，任重而道远。士的含义就是志士仁人的意思。1992 年我在清华礼堂给学生上大课，我说你们别觉得自己很牛，我是清华的怎样怎样，你们不是知识分子，他们哗然，觉得受刺激。我说什么叫知识分子，知识分子就是把你的理性用到公共事务上来，你们是用一门技能谋生的。他们当时很受打击，觉得天之骄子怎么不是知识分子了？其实越来越不是了。

不动心又“见众生”,合起来就是诸葛亮那副名联：淡泊以明志，宁静而致远。阳明也有这么两句：“藏不深则化不速，蓄不固则致不远”——收心收到心即理，就能给墙安门了,脱尘合觉,就能转能变了。“自觉已圆，能觉他者”，“圣性无不通，顺逆皆方便”(《楞严经》)。立志就是选择门径，就是开门，努力是上道。老百姓常说不能进错门、不能走差门，“门径”一词强调的是选择大于努力的意思。

心门无量。停下来的地方就是门，不肯停下来就是路。——怕起误解，举个例，阳明晚年在老家办学，是停下来；起征思田，又上路了，所以说他死在门外。有为非圣性，阳明成了雄。但他是个“随众生心，应所知量”的圣雄。他找到了将自我创造和正义、私人完美和人类和谐统一到一起的观点和方法、理想及达到理想的道路：致良知！

三、真善美：
“格竹子”“龙场悟道”“岩中花树”

王阳明有两个有名的段子，一个是岩中花树，一个是格竹子。这之间经历了三十多年。中间打开开关的是龙场悟道。格竹子的时间有许多说法，17 岁，19 岁，20 岁，还有 15 岁，21 岁等说法，这些仔细的考辨比考证曹雪芹他爷爷多少根白头发意义大。岩中花树的出处在《传习录下》，是他晚年的故事：

先生游南镇，一友指岩中花树问曰：“天下无心外之物。如此花树，在深山中自开自落，于我心亦何相关？”

先生曰：“你未看此花时，此花与汝心同归于寂。你来看此花时，则此花颜色一时明白起来。便知此花不在你的心外。”

这是心学的标签，所以引了原文，有个讲阳明龙场悟道的电影，却用了这个作片名，大约是因为一来这个影响大，二来显得唯美，电影不错，却看不到影响，现在要影响就得像《战狼 2》那样能呼啸的，像王阳明这样整天用手指指着心，说点迷迷糊糊磨磨唧唧的话，不可能有票房。

善解格竹子

格竹子，像个传奇的故事，他和姓钱的朋友一起和竹子大眼瞪小眼，阳明瞪了七天，钱姓朋友中途病倒，阳明还笑他不济事，后来阳明也病倒了。晚年时他说，你们不知行合一，你们整天说这说那，你们并不下苦功夫，我是下过正经的苦功夫的。你们谁曾能像我一样格七天竹子？他格竹子为了弄明白朱熹讲的格物致知的道理：日格一物，格多了，就万物贯通了。格物致知，通过格通物掌握其中的理。王阳明格竹子是偶然的，因为他爷爷喜欢竹子，他爹是状元，种了竹子，有竹园能格竹子。如果没钱，可能上手就格岩上花了。看竹子怎么能看清楚“理”呢，这种看是“凝视”，凝视的对象是物，能凝视的是心。能凝视与所凝视，就是著名的能指所指。阳明和钱姓朋友商议：圣人要格通天下事物，咱们就先从眼前的格起吧。朱熹说一草一木皆含至理，咱们把它格通，它的理就成了咱们的了，咱们身上有了天下之理，就成了圣人了。这，其实是种艺术家的癫狂，既成不了圣人，也成不了科学家。

拥护朱熹的，把他的格物致知说成科学追求，并且感叹中国没有走这条科学之路，否则科学领先的不会是西方。拥护陆王心学的，把朱熹的格物致知说成逐物、放飞了本心，死不见道。关于格物致知的解释在晚明刘宗周的时候，就有了五十七种说法，今天再加上来自科学界的看法更眼花缭乱了。从严复一代开始崇尚科学，形成了大语境，在民国时期把今天叫作物理化学的课程叫“格致”。估计朱熹不反对科学，但是要说他多么科学，又太“善解人意”、过度诠释了。大约二十年前有个反美学的小潮流说美学是最大的伪科学。美学与科学是人类的“两基础”，就像小学必学语文、算数似的，而且在极地它俩可以相通，北大一个哲学副教授叫王玮，开风入松书店那个，写过一篇可以传世的文章：说一。激情而理性地论证了数学和诗的一致性。说美学是伪科学既骂不倒美学，也抬不高科学，只是一句不大不小的废话。今天抬阳明的，又把他吹为量子力学的鼻祖，中国人的品牌意识太强了，没给阳明添什么身份，倒制造了笑话。

朱熹是个想通过一公里去把握一百公里的人。他的格物致知，真有这种科学的、逻辑的、理性的力量。这个东西，遭到王阳明沉重的打击，明中叶以后，天下基本上皆王学。到了清朝，康熙他们表面尊崇朱熹，但尊崇的是朱熹的那些规范，而不是追求真理的激情。譬如朱熹的《通鉴纲目》就是康乾盛世重点查禁的书目，因为朱熹此书的宗旨是辨华夷之别，强调灭金复仇，这种思想在晚明影响巨大。清朝干脆把所有纲鉴一类书全列为禁书。

对不起，放射线太多了，延长线再长了就成了汉代人卖驴写契约，已经过了万字还没有提到驴。咱们面对事实本身吧，阳明格竹子时心里想什么，他没有说，我们永远不知道了。他后来还按照朱熹的话去“格”各种经典文献，“遍读考亭（朱熹）之书”，也是病倒作罢。他自己很沮丧地说“圣贤有份”，就是宣告咱不是能当圣人的料，认了吧。其实也只是与朱熹那个套路不契合，并不等于与圣人之路没有缘分。他在搞《朱子晚年定论》时说，“居夷三载”（是说自己悟道之后），感觉自己那一套与“五经”非常和合，唯独与朱子还有不合。这其实是他“单挑”朱子的意思，因为朱子是元朝和朱元璋树立起来的最大的儒学权威，已经成了科场理学的格式化模板、标准答案。

再回到格竹子，人家朱熹也没有叫你那样格竹子，朱子本人也不那样格物，你失败不能算朱子不对。而且，他过后也没有后悔自己做得不对，他一生都在坚持自己那种艺术化的感觉方式。只能说没有接通朱子路线而已。他龙场悟道所悟的内容,《年谱》概括为“大悟格物致知之旨”，攻击他的人说：也没有看到他悟了什么格物致知的道啊。其实，悟出了根本：过去从外物找理是找不到了，只能从内心里找，从吾性中找就足够了。找到了什么,就是“岩中花树”那个“答案”。他格竹子也是这么个路数：实际上是把自己当成竹子，你是一物，我也是一物，我凝视你，是来跟你同呼吸共命运，让我的心和你同处一个世界、同频共振，我和你就在同一个“理”里了。儒家和佛教都有“尽性”

论,佛教说“知所有性,如所有性”(见《瑜伽师地论》),儒家讲穷理尽性,穷理也是为了尽性。日本写王阳明传记的那个老教授,冈田武彦,他一辈子研究王阳明,临死写了个小册子,叫《物性论》。西方谚语:“思在物中。”韦伯说:“只有通过物,人才能了解自己。”王阳明格竹子,是寻找万物一体的感觉,寻找主客体统一的“体验”,这种存在感的探寻尊重物性,是超越主观主义的,说他主观唯心不良心。

生命的共振:同情和移情

所有的宗教都含有一种东西叫同情,同情心。美国的灾难片常常有救狗的环节,救狗的环节就彰显了人道主义的同情。救人往往流于说教,不好玩没趣味性,救狗就有那种趣味性。你对待狗的态度就是你对待其他生命的态度,也就是对待人的态度。马克思说,妇女解放是人类解放的天然的尺度,因为你对待妇女的态度是你对待人本身的态度，这是衡量人性的一把天尺，就是这个道理。王阳明这个格竹子，他要找自己也是竹子的那种感觉，在发生心理学上叫作“消除自我中心化过程”，而不是我说竹子竹子，你给我长高一点,竹子竹子,你爬一下。主体哲学是我命令万物，喝令三山五岳我来了，那种思维才是主观唯心主义。王阳明的格竹子可以说接近安·兰德的客观主义，就是：你是个存在，我也是个存在，咱俩是对等的。我要想办法贴近你的感觉，我只能把我变成你，在里面找这种共振，找这种生命的共振，尽己性尽物性，与物性融合了才能有真正存在的感觉。这从根上要求更新自己的感觉。

查书知道竹子的理，那个没有用，那个叫知识，不叫体验，也不是理性，真正的理性是从新感觉里面凝聚成的又超越个人看法的才叫理性，包括知行合一，包括社会主义核心价值观那二十四个字。如果没有体验，没有感受，二十四个字就跟香烟、火柴、打火机是一样的，完全是并列的拼盘，是外置的，说好了算知识。价值观是内化的类似信仰的标准。譬如，嘴说爱国,心里想着移民美国去,那就是卖假药。诸如此类。有句名言，爱国主义是无赖的最后一块根据地，没有别的可以标榜的时候，就拿爱国主义来标榜。李贽说许多人口谈道德，心存穿窬，穿窬就是跳墙头，做偷鸡摸狗之事。电影《霸王别姬》开头有个场面特别好，张国荣饰演的角色被打，被喊汉奸、汉奸，那爷出来喊，中国人不打中国人，大家也跟着喊，中国人不打中国人。那种街头群起场面骂汉奸的爱国主义非常容易。鲁迅最恨这种合群的自大，一个人的时候特别怂，一伙人了就开始自大。这种群体效应，也算生命的共振，但跟阳明格竹子不是一类，不可同日而语。

万物一体之仁

物质是对观察与被观察的描述，思维就是参与观察的观察，进行描述的描述，所以，思维与物质是不可分的，从而是一体的，所谓的心物一元就是这个不可分。阳明说的心外无事也是这个原理。辩证唯物主义常讲：思维是物质的，也在刻画这个思维与物质不可分的属性。心想不“实用”都是不可能的。

阳明格竹子就是要找到那种万物一体的感觉。万物一体之仁的最低要求是心疼万物，这是儒家对于世界的一个贡献。所谓的人类命运共同体的理论支点，就是这个万物一体，它后面是大同伦理，很能和共产主义接轨的。共产主义在中国被接受得这样深广与儒家万物一体之仁理念的悠久积淀有直接的因果关系。将来，解决国际争端、难民之类，乃至世界和平，都用得上它。万物一体，就是宗教级别了，包含了一种神秘的东西。像佛教，无缘大慈，同体大悲，也是万物一体之仁。达不到这个，就是有善有恶的东西，达到最高级的，就是那无善无恶的至善。至善，真正靠一种宗教情怀才能够亲证。过去斯大林的名言，如果语言能产生财富的话，那么那些喋喋不休的人就成了世界上最富有的人。现在就是那些喋喋不休的人成为了世界上最富有的人了。我那天开玩笑骂史航，你就是那喋喋不休而富有的人，你靠什么，靠话痨嘛，永远有的说，说话就有人给钱。他说，我已经挣了三万多了，两天半不到，在手机上回答别人问题，别人就给我钱。我说你颠覆了斯大林同志的语言观了。资本逻辑是钱生钱，宗教体系是心连心，现在通过心连心来钱生钱，“互联网＋”的体验经济战胜了钢铁水泥等实体经济。

王阳明尊重物性啊，他的思维才发生飞跃，他才能找到理。这是“诗”使人更“存在”的缘故。这存在感给了他精神深度和超越的洞察力。为什么别的诗人，譬如他的朋友李梦阳就没有呢？因为别的诗人没有向哲学深处努力。别人找不到是因为他们的感觉没有更新，思维还是教条化的（如追求复古）、格式化的，不肯像阳明那样格竹子。艺术就是使用意识，怎么用我们的意识，王阳明格竹子就是使用意识的一个实验。到了岩中花树时，他从一个学者变成一个找到了各种学的“基础”的诗人哲学家。

不是诗人的学者看到好的风景时说不出诗句。《儒林外史》里讽刺马二先生，游览西湖看见西湖上的船，说像小鸭子一样。可见他的内心多么简陋，后来又背了两段《中庸》。他的思维被格式化了，李白看见了肯定不会说船像鸭子，余光中说李白一口喷出个盛唐，李白靠的是那种感觉。宋诗感觉滑坡了，就说理，哲理性提高了，艺术性降低了。王阳明的突破就在这里，从格式化的思维跳到这种活泼的诗人的直觉，能够和万物相亲的境界。打个牵强的比方，阳明有点像荷尔德林，让诗性支配了思维、眼神，也追求人之为人的“更高的尊严”。

宗教体系都主张，说不如不说，语不如默。像《圣经》《论语》，都是徒弟的记录，包括王阳明的东西，也是徒弟的记录，不主张建立教条，不主张偶像崇拜，若以音声求我，即不得见如来。王阳明既不是宗教路线，更不是科学路线，他是艺术路线。他艺术家的气质使他突围成功，他用良知来建功立业，所以能诗意地栖居在大地，还死而不亡。

圣人之道，吾性具足

从格竹子到岩中花树是一气贯穿的，如果说是一座大桥的话，拱心石还就是龙场悟道。现在倒设叙述，说风凉话，他运气好，各种机缘都恰逢其时，王阳明要是早十年到龙场，不一定能悟了道。晚十年，他也悟不了道了，晚十年思想就固化了。

把龙场悟道说个天花乱坠也解决不了问题，因为它是用语言没法说清楚的。它是一种证悟，证悟是超越语言的，王阳明用语言也说不了。阳明被发配到龙场以后，名啊利啊什么的，他自己讲，都没有了。唯有生死一念，突破不了。准确地说，他怕死，又有病，又没前途，又是瘴疠之地，吃没吃的，住没住的，那个时候就是恐惧。所有的开悟对治的都是一种恐惧。文化、文明、一个电影类型乃至一个选题，都来自相应的恐惧。你害怕什么，把这个恐惧的问题解决了，这时你就踏实了。陈毅说全国人民不穿裤子也要造原子弹，也是因为恐惧。

王阳明一到贵州就开始做《去夫叹》，一作就作了五首，去夫，就是被休了的女人。屈原情结，屈原他忠君爱国，国君却不稀罕。逆境成材，极限状态才能够把自己打开，为啥那个禅宗叫“临崖一跳”，逼，把你逼到悬崖边，平常人都有一点儿依靠。费尔巴哈不是说过“为什么有上帝，因为人软弱”。人必须有个伴儿，出门要说：“哎呀，你去不？”其实搭上他更麻烦，弄不好还得给他买车票，还得管他饭，但是那也愿意叫个伴儿，为啥，人软弱、孤单，就需要有个依靠。这个永恒的依靠是谁呢,就是上帝,不带换的,也不带差价，一跟到底的，所以那个上帝就是人性中的这个弱点产生出来的。中国人则依赖天道、天理良心，唯大儒朱熹浩叹：“尧舜孔孟周公之道，何尝一日兴乎天壤之间？”

存在主义关注临界状态，萨特那个《理智之年》，是他坐完监狱以后“觉醒”出来的。把存在哲学用文学表达得淋漓尽致，因为它太好了，所以名声不大，他名声大的是那些常规的东西。临界状态就是窦娥押赴刑场，马上要砍她了，再不喊两嗓子就下辈子了。所以杜勃罗柳波夫说，最有力量的抗议的声音是从那些最弱小者那里发出来的。

王阳明比窦娥的处境好，但他更“敏感”，所以他有了“绝处”的感觉。当时他最大的压力就是：万一我就这样死了，怎么办？这是很可能的，从中土过去的人，经常路毙。他到了那个悬崖边上了，所有的布景都塌了，逼到临界状态，到了人生的边界，这时候，所有的依托都靠不住了，靠书本没用，他后来不主张死看书。到那个绝地以后，什么大数据、百度都没用，只能赤身裸体，走向上帝，临崖一跳，自肯承当。退到无可再退的时候，开始真正的发现。王阳明这时候说“圣人之道，吾性具足”是自肯承当。我性具足什么呢？具足了成圣人的条件。圣人之道就是成圣之道，圣人不是个抽象物，而是怎样去成为圣人。成圣的条件我自己都有了，不需要别的了，这就叫自肯承当。就跟成佛是一样的，如果释迦牟尼还是王子，那就成不了佛，一定得出来，先把金碧辉煌的宫殿甩掉，然后苦行几年，在河边悟道，逼到点上才行。释迦牟尼离开皇宫，其实是对时间的恐惧，是想办法跳到轮回外面去悟。

王阳明进入一种临界状态以后，应该是突然有一个助缘，精神从低级阶段蹦到了高级阶段。我们平常的精神状态都是很低劣的，悟了以后，精神品位和意念的质量完成一个飞跃，从思维的衍生状态进入思维的根本状态：见本来面目。这个“本来”不是纵欲、本能什么的，纵欲的本能伤害本来面目比理性、知识还要厉害，理性和知识是由表往里伤，纵欲的伤是从里往外伤。为啥修行首先要讲戒，没有戒就没有定，没有定就没有慧，道理就在于此。所谓的本来面目，就是人人都有的真心。人人皆可成尧舜，人人皆可成佛，说你皆可成的依据是什么？就是我们人人都有那个真心，儒叫善根，佛叫佛性。所谓的开悟就是能够看见真相，能够不被假象所迷惑，看到真际了。

反抗绝望

格竹子，是心中无花，瞪也没有瞪出“花（理）”来。这是“格物”，可以求科学的理，也可以求美学的理，反正是求真理，准确地说是求得到“真理”的经验，获得格物致知是咋回事的感受，即：对“他者”的接受。要找到心物之间的“理路”。

龙场悟道，是格对死亡的恐惧：圣人处此更有何道？是“格心”。谁也靠不上了，只有“听从我心，无问西东”，没想到，这样一来反而轻松简单了：“吾性具足矣。”心是性之用，性是心之体，从用见体，就是明心见性。圣人之道，从心性中求，打开自己往根上找，善恶从心，圣人之道肯定是至善！

岩中花树，是心中有花眼中有花了，对花的经验“发生”了，花（物）向我心“显现”“生成”了，纳物入我，建立意义——美诞生了。不仅我心与花的颜色一起明白起来，我们与王阳明也一起明白起来，阳明好比那个岩上花，我们好比看花人，王阳明的经验生成了我们的经验，这叫什么？这叫共通感，共通感是个人的，也是普遍的——成了心学原理，就成了人类的。这个共通感不是科学的真理，却是人文的真理，至少是美学的真理。

于是，一个真善美的循环链建立了，至少在阳明学这里建立了。当然，真实的历程没有这么简单。后来，经历“忠泰之变”时,他信而见疑、忠而被谤,也想到“死且死矣，只是奶奶和老父”，这样的“死且死矣，只是怎么怎么”的话,再后来还说过,不是一悟就完事大吉,而是总要悟了再悟，没有封顶的时候，直到“吾心光明”——阳明反抗绝望成功。

阳明格竹子的时候,没有想明白要哪一路的“理”,科学的理要把整体分解成部分，逐一掌握各部分的确定性及相互关系、构成整体的“规律”。美学的理，既是个人的又超越个人，既是感性的又要在感性上达到理性的普遍性——从经验返先验，返到了先验就成了“理”。成了理，就你有我有他也有，就成了“天理”。这个天理必须来自个人的直接经验，不然就是嘴上的不是心里的，又必须超越个体，是共通感的，有普遍性的，不然不是“天”理。

心学功法练的就是这个“经验返先验”，武术上的说法更有说服力：“后天返先天。”心学教育也和武术相似，不是背拳谱而是练基本功，再通俗点说，学游泳、骑自行车，就得下水、上路获得真实“体验”，形成不可替代的“经验”。

博诗

四、隐逸与精警

鲁迅说："明朝以扒皮开始，以扒皮结束。"明初朱元璋一弄就扒人皮。赶到明末张献忠、李自成他们也一样，也是扒人皮。王阳明要是赶上朱元璋，他想到处讲学，弄个学派，开发书院，想横来竖去，门也没有。朱元璋还剥夺了士人做隐士的权利，他认为拒绝为他服务就是看不起他，看不起他就犯了反朝廷的大罪，"诛其身没其家，不为之过"。这是前无古人后有来者的拔根令，苏州才子姚润、王谟因要当隐士不出来当官被斩首抄家。还有贵溪的夏伯启叔侄，想当隐士被枭首、没家。王阳明的高祖王与准就是躲避征召而“坠崖伤足”，免了因不合作而治罪的一劫，为了感谢那块伤了足的石头而自号“遁石翁”。阳明在朱元璋时代想当隐士也难。陈寅恪有自挽联:“涕泣对牛衣，卅载都成断肠史；废残难豹隐，九泉稍待眼枯人。”

总是辞职的阳明

刚参加工作的时候，王阳明还是很兴奋，毕竟完成了身份的转变。他一个工部的见习生给皇上写了边务的“八条”。他的八条写得都很好,但是他爹就骂他，说你不了解各种衙门运作的程序！王阳明不管，他就想超越常规地表现自己，然后迅速地提拔上去。但是那个体制啊，一层层递交，内阁都没传到，皇上也看不见。中央集权的决策机制比较笨。那时没有互联网。观政工部，他看到了体制运作的真相，很快就失望了，觉得在这个体制里面干不成正经事情。

体制内，你进士出身当个知县，按照考选的原则，三年一述职五年一提拔，你能从正七品熬成正一品，也七十多了。一个七十多的人，你叫他干啥？老大帝国暮气沉沉，跟这个任职制度有关系。共产党打败国民党，除了常说的原因外，还有一个更重要的原因，共产党领导人都年轻，国民党那帮人混上来的都四五十了。

王阳明，为什么他后来那么一种行事风格，因为他把那个体制的特征，还有体制内的人常规的做事的风格，都看得透透的。他打过比方，说他们像鸡啄米一样，架空度日，浪费生命。所以他就常常提醒自己，可不要在那个漩涡里麻木了。

王阳明是个跟着自己的感觉走的艺术家，他刚当上官，跟他那帮同学（有名的前七子中的几位）天天作诗，感觉很好，但是很快，他发觉这不行，这大不过就像韩愈那样，弄个文人呗，弄个文人虚弄精神，没啥意思，请病假回家，在阳明洞开始修炼道教那些功法，包括打坐、调呼吸，出阳神、预判事物。后来王阳明说这不行，不是大道。

王阳明一生有二十几封辞职、请假书，他一点儿也不想在官场和那些官油子混。鲁迅的虚无导致鲁迅的深刻，王阳明的隐逸情怀导致王阳明建功立业，他要没有隐逸情怀，他就不会这样建功立业。沿着官场那个正途的节拍，他又不傻，该拍马屁了拍马屁，不叫讲学不讲学，既不会被发配也不会在闲曹冷署瞎晃悠，凭他那个会周旋劲，肯定能入了阁，当个大学士啥的，他不。这里有个道理，就是所有的觉悟必须逆。阳明的辞职，就是不入局，他不愿意过祖辈传流的重复日子。他觉得像他爹那样的状元、大学士只能管得这一世，如果没有自己的东西还是白来一趟。

人得十字打开，十字打开以后就不会像纸样一吹来就晃，柔韧性就靠这个十字劲。太极拳为啥向浑圆方向发展，就要打开十字劲，阳明的辞职就是练反劲，不能成个国贼禄蠹。

“隐”是独立之意志、自由之思想的人格基础。隐，可以体验虚无对存在的意义。虚无，是存在的可能性。

人就这样，你成功之后，你就发觉每一步都在走向成功，你失败之后，你发觉你每一步都在走向失败。当年看一部电影，特工是个秃头，最后一幕，那个女的走到秃头的跟前说，我现在觉得我人生的每一步都是在走向你。我一想，岂止是这样，人的成功和失败也是这个道理。你回头看，当时都不知道，要是成败能预知，那就太确定了，鲁迅为啥说《红楼梦》还是有局限，因为人物命运都是册子上定好的。

阳明的《归隐》

这是个“套数”，散曲单支的叫小令，几支合在一起叫套数。阳明这个套数，收在《全明散曲（一)》里，他的弟子是不会让这样的文字入全集的：不是圣人的款式。因此有必要抄出来,不抄出来看不到他要归隐的心曲：

【南仙吕入双调步步娇】宦海茫茫京城渺，碌碌何时了。风掀浪又高，覆辙翻舟，是非颠倒。算来平步上青霄，不如早泛江东棹。

【沉醉东风】乱纷纷鸦鸣鹊噪，恶狠狠豺狼当道，冗费竭民膏，怎奈见人离散，举疾首蹙额相告。簪笏满朝，干戈载道，等闲间把山河动摇。

【忒忒令】平白地生出祸苗，逆天理那循公道。因此上把功名委弃如蒿草。本待要竭忠尽孝，只恐怕狡兔死，走狗烹，做了韩信的下梢。

【好姐姐】而曹，难与我共朝，真和假那分白皂，他把孽冤自造，到头终有报。设圈套，饶君总使机关巧，天网恢恢不可逃。

【喜庆子】算留侯其实见高，把一身名节自保。随着赤松子学道，也免得赴云阳市曹。

【双蝴蝶】待学，陶彭泽懒折腰；待学，载西施范蠡逃；待学，张孟谈辞朝；待学，七里滩子陵垂钓；待学，陆龟蒙笔床茶灶；待学，东陵侯把名利抛。

【园林好】脱下了团花战袍，解下了龙泉宝刀，卸下了朝簪乌帽。布袍上紧麻滌，把渔鼓简儿敲。

【川拨棹】深山坳，悄没个闲人来聒噪，跨青溪独木为桥。小小的茅庵盖着，种青松与碧桃，采山花与药苗。

【锦衣香】府库充，何足道；禄位高，何足较，从今耳畔清闲，不闻宣召。芦花被暖度良宵。三竿日上，睡觉伸腰，对邻翁野老，饮三杯浊酒村醪，醉了还歌笑。齁齁睡倒，不图富贵，只求安饱。

【浆水令】赏春时花藤小轿，纳凉时红莲短棹。稻登场鸡豚蟹螯，雪霜寒春棉布袍。四时佳景恣欢笑，也强如羽扇番营，玉佩趋朝。溪堪钓，山可樵，人间自有蓬莱岛。何须用，何须用楼船彩轿。山林下，山林下尽可逍遥。

【尾声】从来得失知多少，总上心来转一遭。把门儿闭了，只许诗人带月敲。

这是他发配路上，到了西湖边上不想走了，写的。他当时真心地不再竭忠尽孝了，因为不会有好下场。曲的特点是“畅”，再加上他突然和元代文人际遇相同了，这首曲儿颇有元曲的味道——一片虚无。

对世道是看透了：“逆天理哪循公道”“覆辙翻舟，是非颠倒”“恶狠狠豺狼当道”。不是他不想忠君爱国，是君和国不稀罕他来忠和爱。20 世纪 80 年代白桦写的电影有句台词：“我爱祖国，可祖国爱我吗？”结尾是主角用身体爬出一个大问号，问号的那一个点是他本人。当时作为自由化的反动电影被批判。这是自屈原以来形成的“天问”。王阳明也是来做填空练习。他要学了陶渊明当隐士，也是在重复套版模式，没有啥新鲜的。他要真从此隐了，中国就是多个隐士，也许他本人能长命百岁，但天壤之间就没有阳明学了。他后来也明确反对做隐士，包括周敦颐那样的大有道之士，也不是榜样。他学做圣人的志向还是起了作用，不能舍弃众生啊。到了龙场，他的问题还是圣人处此更有何道？如果就是为了功名富贵，那功名富贵没了指望也就不用挣扎了。

岳飞的《小重山》“白首为功名”，功名心比追求富贵高许多。富贵是国贼禄蠹的目标。竭忠尽孝是道德。阳明说过，讲道德，就别想功名；想功名，就别求富贵。岳飞要求富贵，就不会有风波亭那一幕。

写此套数的同一时期，也是在西湖边上，他在于谦墓前留下一名联：

千古痛钱塘，并楚国孤臣，
白马江边，怒卷千堆雪浪；
两朝冤少保，同岳家父子，
夕阳亭里，心伤两地风波。

有人高度赞美此联和此情：“阳明才气少保伦，和墨书成一腔血。”

写这种联语的人与“把功名委弃如蒿草”“不图

富贵，只求安饱”的可是同一个人？可以是，相当可以是，因为，人，都不是单线条的，更何况阳明这样的一生“为学三变”、立言宗旨也有“三变”的人！

隐逸超越　觉世行道

伟人有个共性，他用千年的眼光看百年的是非。你像毛泽东，他一张嘴，说啥就跟别人不一样，因为他思考问题的幅面与众不同。现在的一些小官僚，用一小时的眼光看一天的是非，所以总是嘚嘚索索，鼠目寸光。我有时候看王阳明，最伤心他那股奴才气，就是什么“本待要竭忠尽孝”之类。想你何必呢，你王阳明已经这么明白了，还那么奴才干什么。但是你必须承认，不在体制内，就没有权力“组织”老百姓。讲学，愿意接受你的可以，不愿意你毫无办法。想干成点实事的阳明，只能与狼共舞。为国家杀了贼王平了反叛后，朝廷再次那么不公正的对待他，他依然忠心耿耿的，这个“忠”里就有点复杂了，这个忠里有想青史留名的成分，还跟他想升官混在一起。都得走阴阳鱼的线路，没有笔直的路。列宁说革命的路不会像涅瓦大街那么直。王阳明“龙场开窍”后，虽然明白了得自己干，要靠觉世行道，但还得待在官场。包括到后来，嘉靖皇帝要召见他进京，他忙不迭地赶紧上路，到了杭州又下旨不见他了。不用他，他就奉旨归隐。王阳明之所以是王阳明，还在于他一直都有隐逸的情怀。一个日本人总结得特别好，说心学有四根支柱，其中一根支柱是隐逸。隐逸就是出离心，一种超越感。你要没有隐逸心，隐逸气，你就是个兢兢业业，埋头拉车，不抬头看路的俗吏。没有隐逸气，没有超越和出离的心力，不会那么精警。而且散淡出来的精警，才有类似不动心后出谋发策。

王阳明一开始是坚持初心，后来是能坚持良知，他不完全按照体制思维去办，他说我的良知是在百死千难当中得来。官场规矩其实就是一个肯不肯认的问题。一般智商肯认了，都差不太多，王阳明这种是特殊的，不是那种常规的。纯粹的隐逸是自我价值的贬黜，佛道走这条路，包含对五浊恶世的决绝。阳明隐逸气正好是个“中”，既不钻营功名利禄，也不弃绝世事，而是在民间讲学、办学。而且有瘾，成癖。

我的徒弟刘雄有段感言，让我心动，抄录于此，可辅证阳明的“情怀”：

相比佛家出世避责的修行模式，我更喜欢儒家入世努力在事上磨炼的人生观。并非贪图人世名利与风尘，而是用良知平衡人性与人欲的过程中，那份活着的深深感恩与激情。

人生最难得的是自由，人性最可贵的也是自由。自由的核心是自我认定和坚持的愉悦，对于许多人和事都可以平常心地说不。懂得放弃和放下，懂得有所不为是真正的自由。这份自由，只有阳明心学给了我，所以我心甘情愿皈依心学。

精警谦和　一猿一鹤

王阳明年轻时是一个非常精警的人。精明的“精”，警惕的“警”。他的精警使他成功，包括他思想上能悟出心学来，也是得力于他的精警。历史上所有重要人物个个精警，只是表现形式不同，司马懿以痴呆行其老诈，精警胜过狐狸。高僧静若山岳，逗出的机锋非常智所能及。王阳明教学生就是用禅宗的机锋教法。精警是一个基础，它得找对方向。王阳明用了禅宗的方向，心学就在他手里成功了。心学是训练感觉的艺术，你的感觉的质量，就是你生命的质量。但人不能靠感觉活着，有些人特别聪明，但活在感觉中并玩感觉，结果一事无成。

伽达默尔在《真理与方法》中高度“仰仗”机敏。他说的机敏，与我这说的机警可以等量齐观，我是偏重“行”，伽达默尔偏重“知”，对于能够知行合一的阳明来说是一回事。下面转述一下伽达默尔的意思，对于我们理解阳明的机敏、机警有直接帮助。他说机敏是教化培养出来的，机敏是指人对于外部世界的敏感性和接受能力。这种能力表现为能够深切地领会对象的构成要素，能够直觉把握我和对象的内在关联，能够造就感觉。而且因为是教化出来的，所以，这种“意识可以在一切方面进行活动，它是一种普遍的感觉”。从格竹子到岩中花树，就可以看到阳明的这种机敏、机警的功能和“实用价值”。

再说说王阳明的长相，故宫博物院留着的这张画像最好。这是他活着的时候最满意的一张像，是一个徒弟在他讲学时给他画的。他把这画像裱了，挂在自己房间里。从这个细节可以看出，王阳明也是有一点自恋和木乃伊情结的。王阳明小时候是那种猴精猴精的孩子，蹿蹦跳跃，捣蛋哄哄。钱德洪要拜王阳明为师，家里人不同意，因为他们还记得王阳明当年那些捣蛋的事。尽管王阳明已经功名震天下了，但他们还是不同意。

王阳明年轻时候的精警，一生都保持着。而且有了修为之后，精警变成了英敏，把棱角化开了。常后悔年轻时候圭角未融，有抗厉之气。有了修为以后，就变得谦和了。他的“谦”不是虚弱，他的“谦”是自信。王阳明老年时就像鹤一样，他又瘦，又有肺病，动作也像鹤。他是由猴子变成鹤的这么一个人，形意拳里有猴形和鹤形，王阳明从打猴拳开始，以打鹤拳结束，所以叫一猿一鹤。一个人身上总有几股气，毛泽东说自己身上有虎气也有猴气，王阳明是有猴气，也有鹤气。没有隐逸气不可能和民间如此融合，也不可能引出“百姓日用即是道”，把百姓日用作为不二法门。与隐逸一而二二而一的是阳明终身喜欢游山玩水，一副闲云野鹤的做派。

平民思想家

清兵入关以后，再次掀起程朱理学热，又把心学彻底踹下去了。把儒家理学做成了国家意识形态，成了为极权体制和国家机器做辩护的体系。而心学这种“人人皆可成圣人”的学说，是朝廷反感、庶人乐闻的，属于一种启蒙思潮。有个人跟王阳明聊天，见门外有俩除草的“民工”,就问王阳明:“你说人人皆可成尧舜,你叫他们去成成尧舜试试?”王阳明说:“他们俩成不成尧舜我不知道,但是我知道尧舜除草也不过就这样。”或许还不如人家呢。由此就可以看出,他对平民的尊重。他的心学在平民里也获得了普及,王学对明朝社会的主要影响,主要是靠他的那些徒弟、徒孙们勇于担当,搞乡村教育运动,搞社区文化等。

他最终还是靠觉世行道而不朽了。毛主席说慧能是平民宗教家,我仿词,给阳明这个“头衔”。头衔是小偷唯一偷不走的东西。

五、豪迈得忧伤　天真到狡猾

接着讲王阳明的性格。其实这是以他这个人为单位来说心即理，说心外无物。命运好像是客观的，其实是每个人自己的性格决定的。经济学里讲选择，讲了半天，包括今天的大数据什么的，其实都还是要落实到每一个人选择时那一瞬间的心理反应。体验经济和品牌都是把人们心理反应的那一侧，强化它，固化它，象征化它，放大它。人是什么，人是状态性动物。编剧芦苇不就说吗,拍《霸王别姬》的陈凯歌和拍《无极》的陈凯歌一比，你就知道了，人就是个状态性的动物。心理学上讲，性格是个追求体系，从咱们中国人的角度讲，心性是内在的，状态是外显的。性格决定情节的发展，同样一种危机来了以后，不同性格的人，反应是不一样的，这不同的反应就是下一个情节的起点。

我琢磨了半天，王阳明的性格，用个小对子句说就是："豪迈得忧伤，天真到狡猾。"因为豪迈所以忧伤，豪迈到什么程度呢，豪迈到忧伤的程度。天真到狡猾，极其天真，天真到啥种程度呢，天真到狡猾的程度。这就是我对王阳明中后期，成熟以后性格的一个概括。

诗人出道　豪迈得忧伤

王阳明是靠文学出的道。当时有巨大社会影响，最强势的媒体是诗歌，属第一主流媒体。王阳明跟着那帮年龄相近的诗人，如李梦阳他们，一起唱和，写诗。

那时他们在北京已经算找到制造声音最高、最大的平台了。王阳明造出声誉以后，又迅速地超越了那些人。他还是聪明，转型快。他说自己那时有抗厉之气，就是形容豪迈的。诗人里豪迈的呢，古有曹操，今有毛泽东，这都是“实现者的歌”，这俩人是“实现”了自己的本质。剩下的诗人多失败者，在失败里面放达观之声的是苏东坡。苏东坡的豪迈里也有点忧伤，但这忧伤是衬托达观的。王阳明和他们又不太一样，也没有他们那么大的成就。文学青年的出身，形成他的敏感和忧伤。

豪迈可以用“剑气”来形容，忧伤可以用“箫心”来形容。剑气阳刚、箫心阴柔，“一阴一阳之谓道”，一箫一剑平生意！王阳明在晚清有影响，龚自珍就很有心学气。我的硕士论文写的就是龚自珍，他贡献给中国文学两大“意象”：剑气箫心——狂来说剑，怨去吹箫，气塞西北何人剑，声满东南几处箫，等等，在民国前模仿者众多，有人做过专门的统计梳理。

我和一个朋友不谋而合都给自己的孩子起名：剑箫。他是个男孩。一个台湾学者说我俩同时“剥削”了龚自珍。

上次我们谈到王阳明身上浓厚的隐逸之气，这种隐逸之气就是“箫心”,剑气箫心如阴阳是互根相养的。没有箫心的剑气就会多戾气，没有剑气的箫心就会偏柔靡。合起来才会是圣雄。胆大出剑气，箫心便心细。诗文的证据最直接，但是得掉书袋。从他的诗文里可以看到他这种出离心，自己修身养性也好，回到内心世界也好，都带着一种生命的感伤。他的忧伤也跟身体有关，忧思伤脾。马克思上大学那会儿创体系，不上课，创了八个月，体系没创成，得了肺结核。王阳明也是太着急,想立即证大道,对着竹子就想明白一切。结果格竹子没格明白，反而落下肺病的根了。王阳明有病的事实，也容易使他忧伤，要么就抗厉，要么就忧伤，激动得快，沮丧得也快。

龙场开窍　天真到狡猾

王阳明从龙场开窍以后，性格发生了巨大的变化。这个时候可以用天真来形容，这个天真，不是小学生放了学的那种，而是那个开了窍以后的通透的天真。一派天真，一派深刻。他天真到深刻了，这种深刻就是一种狡猾。只有天真才能达到这种狡猾，一般人的狡猾就是市侩、奸商的“世智辩聪”，世间的小聪明，鬼点子，不老实之类的。有人问普京，为什么南京大屠杀2万日本兵可以押着二十多万中国人往河边走，普京说“中国人太聪明了”，这话太损了。中国人没有宗教，多少代轮回都是靠这点“聪明”轮回的。

真正的狡猾都是天真的。那种他还没滑，让人一看就觉得滑了，那都是二流三流的滑。王阳明的这个天真到狡猾，分几个层次。最高的层次，作为教主，他的心学的穿透力，靠的正是“致良知”这种“诚”。不诚无物，儒家功夫就是个“诚”字，虚灵不昧，你真诚了，才会灵。你要三心二意，同时追两兔，一兔都不可得。这是作为一种心学功法的那种天真，杂念都去掉了，良知就是指这种虚灵不昧。

王阳明大悟的格物致知，就是把朱熹的路数给它调过来，先得意诚。意要不诚，心就不正。心不正，就格不了物。不可能像对待心一样对待物，得到的知识也是有偏差的知识。心学的要害在意念的“意”。这个“意”不止是认识论的,更是存在论的。它来自身心、心物一元，是心与物内在互动“回护”的统觉。如果仅从认识论层面说，它是情境性认知、涉身性认知，是发生认识论,不是白板反映论。回护,是曹洞宗术语，主体客体融合联动就是回护。王阳明说，意之所着便是物，是强调心外无物与思在物中的统一。要练意念，打坐入静,正心诚意,往回找。培养了一种神秘的直觉，这个神秘的直觉只能自己修炼,不能传,谁修了算谁的。王阳明他修了，他有，他为什么打仗赢，他有了那种预知力。别人看不透的事，他看透了，包括时机。这种辨觉力很重要，这种力是看书得不到的，尤其是光看书得不到的。有点像小孩的狡猾：大人一笑就撒谎。小孩也总结“经验”呢。

不动心才有了定盘星

天真到狡猾，说老实话是个大境界。教主一级的人都有这个品质，你看耶稣，也有这种天真到狡猾。狡猾这个词好像是贬义的，只是为了造成一种语言上的刺激感而已。领袖级的人物都有这个特点，这个特点的要害就是“不动心”。不动心了，好像天真，那些小聪明、小算计也没有了。这种狡猾是老猫捕鼠，眼珠子不转，伸爪拿来。为啥巴菲特买股票买长线，买了可以不管，一般人就不行啊，上午看看涨了没有，下午看看涨了没有。我们的心还在动，巴菲特就可以不动了。

听到宁王造反时，王阳明正跟江西两个大名士谈天呢，这俩人顿时就呆了，喝水找不到杯，跟他说话也不答应了，就懵了，这就是说那动心不动心。中国哲学通过武术上去解释特别简明，俩师兄弟比武始终不相上下，后来师弟应征打仗去了，师兄也天天练，等师弟九死一生回来了，一过招，师兄一下就被撂出去了。为什么？战场上没那么多，就一枪定生死，什么叫意念，这叫意念。心学就是训练念头的质量。啥时候达到这种天真,就像老猫捉耗子,或者庄子说的“呆若木鸡”，就算是不动心了。

不动心的精义在接近了不生灭。

刷新自己的感觉

另外一个，就是这个天真，是一种做人的境界。良知就是天然的正确，也可以理解成天真。但这种天真往往被各种贪欲和世俗的东西遮蔽了。而王阳明的天真到狡猾，也因为他聪明，他那诗人的直觉和情感力量强，艺术感强。这世道是非理性的，不是理性的。如果是理性的，就没有世界大战了。茨威格说希特勒打到弗洛伊德家门口的时候，弗洛伊德应该高兴，因为验证了他那文明战胜不了野蛮的非理性的理论是正确的。当然弗洛伊德没有高兴，他要高兴他也就成了希特勒。

这世界如果有逻辑的话，这个“逻辑”也是不确定的，各种“风投”都讲逻辑，逻辑来逻辑去，风险该多大还是多大。逻辑规避不了风险。战场、市场不是个逻辑场所。还是意术、艺术能够对付不确定性。各种学说中艺术感强的影响面大，譬如尼采比康德煽动力大。心学就比理学艺术感强，所以能跨时代获得共鸣。心学是感觉学，所以可以说是艺术学，对诗文绘画戏剧影响大而深，艺术自身的风水转向电影、电视剧了。电影还见心学的风韵，电视剧不容易。电影是抒情的，电视剧是叙事的。网络时代又需要心学了。数字媒体艺术，除了技术就是“意术”：虚拟空间是可能性的空间。还有现在网络化，点对点传播，就是心对心的感应。

人的一生是自我发现的一生，自我实现的一生，也是不断刷新自己感觉、做自己的天才的一生。有的人把自己的感觉刷强了，像马云，越刷越强。说世道是艺术性的，是因为人性永远是不确定的，人都是状态的。生活如流水，你站在水上边，它就是浮力，你站在水下边，它就是压力。马云站在上边了，在于当年的一赌，在于当年的直觉打得远、打得深，直觉的质量取决于发心深不深、正不正。当然也还有运气，凡事都带有三分天意。天真往往比市侩深刻、狡猾，因为天真的直觉打得远、打得深。

阳明的“太极劲”

王阳明天真的狡猾也靠他那股“太极劲”，太极劲就是一触就转，我跟你一接触，转那一下就把你甩出去，它不死磕。王阳明脑子贼快，成功看脑速嘛，但他说话慢，不着急。意见不同了，他笑一笑，沉一沉，过一会儿再说，他发的是巧劲。鲁将都有一种天真到狡猾，张飞鲁得好像跟二百五似的，他要真二百五，早死了，战场上谁让谁啊。王阳明平叛、剿匪都是以少胜多，这种打法就是一种天真到狡猾。王阳明就说嘛，为啥叫谋略，这个“略”字是关键，你一复杂了，就没有了。这个“略”就是天真到狡猾，抓要害，把那根儿抓住，剩下的都是枝枝叶叶。根儿得抓准，根儿不准，枝枝叶叶再复杂，也是南辕北辙。王阳明说要害在“略”，“略”就能突出本质。

有人问王阳明“用兵有术否？”王阳明笑了，哪有什么术啊，就“不动心”而已。那人觉得那我也会用兵了，我也能不动心啊。王阳明又笑了，说这不动心啊，不是说还有一颗心去控制那“心”不动，那不成了俩心了吗？而是说它是从骨子里不动心。这不动心就是那本来面目，主观和客观吻合了，直觉穿透真相，看到根儿那里了。这个“不动心”其实是种本质直观，洞见了最根本、究竟的东西。这是阳明太极劲的底盘，是中盘的横劲。

脊梁骨竖起来的竖劲，是他的机智。人们常念叨的是他那随机而动的机智。他的教学活动，以乐为体，以机智为用。他领兵打仗是机智的，他是个浑身充满机智的人。有人看见王阳明的一幅像，说“其相素不武”，说他不是一个孔武有力的人，“竟以武功显”，是说他竟能平定土匪和叛乱什么的，觉得很纳闷。其实王阳明靠的是组织，是一种智慧，打法是横来竖去。下雨的时候，山上土匪觉得这么大雨谁也爬不上来，结果王阳明的兵就爬上去了。还有永远是凌晨四点来钟，等站岗的兵困了再打。王阳明打仗和岳飞特别一致，岳家军五百人，敢抗击泱泱几万人的部队，靠的就是禅宗似的打法，禅宗下棋不吃子，东绕西绕，“咔”一下子就下赢了。儒家修行是先吃卒子，再吃相，再吃士，功法不同。心学的功法是什么？是用自行车钥匙开了房门的锁，串秧结瓜。从创意上讲，这倒是个原理。大伙都研究自行车的钥匙开自行车的时候，他却用自行车钥匙开了门锁。要说是触类旁通，又成了套话、没信息了，要说是串秧结瓜，也没说出道理，大约是个只要有心就是有种子，大路不通走小路的意思。真正的信息只能从心里来，当你也有，我也有，我们大家心同理同的时候，就是心学了。

一直在讲王阳明的性格，因为心学的根在他的性格。我没有讲透是我水平凹、语拙。也因为性格不是一个抽象的东西，性格也是一个意义性的东西，它是附着在对冲、对耗等过程之中的，意义是个状态性的、过程性的、有待于别人接受评价的东西。性格也是这么个东西，这个人的性格全世界都说他不好，这个人也能结婚，也能生子，弄不好这还能发财，你没办法。这个世界的本质是不确定，可是我们受的所有教育，都是要让你学一个确定的东西，让你学个确定的东西应付那个不确定的世界，所以一出校门就发现坑人。

六、侠儒的“中而因通”

豪迈的那股劲来自他身上的“侠”、剑气，要写王阳明的小说可以起名：《剑气箫心王阳明》！阳明在儒家谱系中，与八股儒、章句儒、马屁儒都不搭界。他的八股文写得廉厉飞扬，很有心学的理路气势了。日本一个博士写《武士道》说武士道的魂是阳明的知行合一。这与阳明的隐逸、天真相辅相成。没有张力的人格不会成为“超人”，很容易成为“末人”。他也会拍马屁，但不是专业户。

我觉得非常有必要单独介绍一下章太炎对阳明的

评价。章太炎是国民革命的元勋，他原先对戊戌维新期望很高，因为党人被出卖而夭折，痛呼“无道德则无革命”,因此他呼吁用阳明的知行合一重建革命道德，他说这是第一急务。也因此不吝辞色地标举阳明的“力为”“躬行”精神。他又是万众敬仰的国学大师，他为阳明建立了一个谱系：从子路到阳明是儒侠一系。

章太炎先生在《王文成公全书题辞》中，说“知行合一”之说为“子路之术转进者”。他说王阳明以豪杰抗志为学，要求人勇于改过而促为善，完全是子路闻过则喜、以行带知的“儒侠”一系的。这一系的儒，自宋代而“金镜坠”。原话是：子路“奋乎百世之上，体兼儒侠”。而“文成能兴其界，邈若山河，金镜坠而复悬”。他指出了一个重要线索：心学种种，有大勇存焉。

阳明生来“英毅凌迈，超侠不羁”，王阳明曾跟皇上说：“平生性野多违俗。”“臣在少年，粗心浮言，狂诞自居。”他性情活泼，好动，蹿奔跳跃，矫健异常。张岱在《陶庵梦忆》卷五《炉峰月》中说阳明能一跃跨过“两石不相接者丈许”的千丈岩，“人服其胆”。这种侠客一路的修炼，后来持续体现在书院里教生徒们“射”“御”。平宁王后，他能与宦官比箭，直接派上了用场。

他的大勇在创出了行动的儒学。我写的阳明传记的开头是：“缀着驼铃的鞋。”

知行合一看担当

我们平常说什么，都是口头的，当生死存亡让你抉择的时候，才是对良知的检验。知行合一是一个成本很高的东西，我举例过北岛的诗，“我多么想假日里，牵着孩子的手在公园里走一走，这普普通通的一切，如今成了做人的全部代价”。你说真话，就“哐”一枪，说假话，就能牵着孩子的手在公园里走一走。司马迁的《史记》为什么跟一般的史书不一样，它里面有很多的文学性，所以鲁迅才赞它是“无韵之离骚，史家之绝唱”。司马迁写李斯被杀，李斯跟他儿子说，我多么想咱们俩领着咱们家的黄狗，在那大麦场上转一圈再转一圈,如今不可得了。一样,李斯杀韩非的时候呢，那韩非也多么想跟他孩子，牵着他们家的黑狗，在那转一圈再转一圈。李斯是不坚持正义被非正义吞噬了。

直到今天还有人说王阳明整天讲良知但杀起义的农民不眨眼。王阳明在《告谕浰头巢贼》中对这种质问回答得很清楚了：我不杀你们这几个不投降的顽贼对不起那些被你们祸害的黎民百姓。这也是一种担当。阳明最欠担当的是宦官在他眼皮子底下抓走他最亲近的学生冀元亨。因为他心动了，既顾虑事态扩大，又怕说自己心虚，不敢让冀去对质：是否私通宁王。

《明史》上说，本朝文臣用兵，无有出其右者，没有一个能超过王阳明的。他打仗时不做思想斗争，心定定的，轴承是稳稳的，其他的辐条该咋转咋转，不动心不是说大脑不转，麻木不仁，不是，不动心脑子才转得好，动心脑子该乱套了。石家庄省医院有个外科主任，号称叫什么一刀，很大牌的，做阑尾炎手术叼着烟，一刀下去，稳准得很。等到给他儿子做手术，麻醉也成功了，他该上了，结果一个手抖成七八个手，没法下手，助手只好把他推下去。他动了心了，他心就乱了。

胆识才学力，胆是第一位的。儒侠也好，侠儒也好，首先是个胆大，他如谭嗣同。阳明一生胆大心细，一往无前！

阳明对儒释道都下过一往无前的精进功夫，譬如格竹子，新婚不进洞房却与铁柱宫道士“对坐”一夜，佛禅的语录张嘴就来。薛宝钗让黛玉跪下：你刚才用了戏文里面的词儿，你没有看过怎么会用出来？

“忍耐着做”是躬行的真谛

阳明学最有感觉的两个词，一个是“事上练”，因为知行合一已经名词化、没有感觉了。越不知行合一的人越会说知行合一。但事上练，事上磨，就表达出了知行合一的那股劲。还有一个,就是“忍耐着做”。“忍耐着做”是他一生做事的真谛。

王阳明有篇小文章《书三酸》，很短：“人言鼻吸五斗醋，方可做宰相。东坡平生自谓放达，然一滴入口便而闭目攒眉，宜其不见容于时也。偶披此图，书此发一笑。”侠儒最难的更是鼻吸五斗醋，因为阳刚的侠气难受委屈。看《王阳明全集》中的奏疏、告谕、公移（平行的官府文书），那才见“鼻吸五斗醋”的功夫呢。从数量上说是阳明文字的三分之二！一个飞扬灵动的天才去写《红楼梦》多好！但是曾国藩不赞赏王学却赞赏他的文牍，今天一些官场中的王学爱好者也是最能从他的文牍中看出心学的真功夫、真用处。呜呼，价值是满足需要的程度啊。当年一个组织部的人来找我，说这么多写王阳明的，就你解读了《告谕浰头巢贼》。我说因为它写得像情书。

他平宁王叛乱，立下大功，按理是该飞黄腾达了，但这时，他一生最难的时候才开始了。他几乎泣求皇上不要南下，说叛党残部要刺杀皇上；他确实觉得江西百姓太苦了，两年匪患，水涝灾害，大量地死人。京军再来，如何支撑？他这边仗已打赢了，正德皇帝却领了边兵六万，再加上京军和大内的那帮，呜呜泱泱一堆人，看过去和蝗虫似的，到了江西，官兵的吃饭问题，都能让江西百姓更加苦不堪言。宁王长期勾结宦官、政要，他们相互往来的礼单、名单，宁王都记录在册，这个册子现在落在了阳明手里。那些人千方百计地想打倒王阳明，拿回册子，毁掉证据。他们反过来跟正德皇帝说：王阳明是宁王真正的同党。他是要和宁王一块儿起事的，结果发现不成，才把宁王做了。抓宁王有什么难的，派个知县就把他抓了，没有那么大的功劳。

其实那个时候，方方面面的人都整王阳明，包括退休的江西籍的朝中大佬费宏，更多的是冲着那个册子来刁难、找茬。但是王阳明没有交。这册子到底是交了好呢，还是不交好呢？我们无法评判。王阳明聪明绝顶，有他自己过人的算计，权衡利弊，忍耐着做。阳明也想摔了乌纱帽，不受窝囊气。但是想想百姓实在太苦，硬撑着，周旋，把百姓的苦难降到最低。估计苏东坡做不到阳明这么“卓越”。

这叫作宰相肚量。人在这世上做事儿，就是需要一种心力。心学，心学就是让心有力量的学说。心无力者谓之庸人，多大的事业也从心头做。

阳明在权力系统玩不转，因为他太“诚”了，权力系统是良知的对立面，权力系统中的正派人也会与奸小结盟，一起铲除良知人。明代平了反叛被封为“伯”的只有两个人，阳明是新建伯，有人呼吁提拔重用他，呼声还挺高,结果偏不用他。反对他的那帮人是个联盟。很正派的官僚，觉得用他是来抄自己后路的。跟他没有过私人恩怨的也不让他出来，跟他有私人恩怨的更不让他出来了。像《共产党宣言》说的:在反对幽灵的时候，他们结成了神圣同盟。王阳明在他们看来，就是“一个幽灵在徘徊”。平常没这个“幽灵”,那帮人也互相争斗，有了“幽灵”以后，他们结成了神圣同盟。

阳明在风暴眼里淡定，更见不动心的力道。不用他，他就不用忍耐着做了，他赋闲六年是他一生最畅意而辉煌的六年，像柳三变奉旨填词一样，“奉旨讲学”，生徒猛增，心学大发展。

良知与体制的矛盾

曹操要去打马超，袁绍的谋士让袁绍出兵袭击曹操的老巢。正好赶上袁绍最溺爱的三儿子闹病，发高烧，袁绍说，他要有个三长两短，我活着还有啥意义，袁绍这一动作很人性，反而就违背了政治斗争性和军事性，就违背了大事业性，所以他部下就公然蔑视他：不足与谋也。在残酷的军政斗争中，人性一出，必然失败。刘备一辈子老奸巨猾，言而无信，不妨碍他成功。张飞瞧不起吕布，三姓家奴休走，燕人张翼德在此，他其实打不过吕布，是他从伦理上蔑视吕布。但吕布才三姓，刘备十三姓，刘备一生倚靠了十三个山头，刘备这叫什么，叫韬晦之计，帝王度量。袁绍性缓，叫没主意，刘备性缓呢，叫有斟酌，掂量来掂量去，选择好。

在体制内坚持良知，就得靠大勇、《中庸》里讲的“德义之勇”了。阳明自己说一生最遭难的是平了宁王以后，与张忠、许泰的周旋。他受够了窝囊气，那帮人恨不得把他作为宁王余党拿下。他还担心皇上的安全，还怕江西百姓受不了压榨再造反。他要与皇上宦官沆瀣一气就百顺百当，但是他的良知让他为了百姓，只能与体制周旋再周旋，既与正派的宦官联手，又克制了隐逸的念头，回到江西收拾烂摊子。

王阳明是渴望事功的，但他不肯像那些无耻的、不讲原则的、只要当上官就行、害人也可以的人一样，他不肯那样，这是他了不起的地方：知行合了一。他可以治国平天下当宰相。他本人也是志在当宰相，但是要当宰相就得换频道，但他不肯换频道，所以他没有在官场上获得成功。

专制体制里坚持人性是很难很难的：不改初心，难以成功！阳明学真正的影响在民间，为啥说阳明是个平民教育家，也就在于此。他的良知保住了这个美好形象，不然，儒释道就有机不起来了。美是难的，美是善的象征。

良知与体制的矛盾是个非常重要的角度，这是一个人类普遍存在的问题。孟德斯鸠说，毁灭人类的十种事，首先是没有人性的政治，最后是没有制约的权力，中间的几项是没有人文的科学、没有良知的知识。

中：涵三为一、举一明三

过去我写过一篇文章《中华道术与企业文化》，中华道术我用四个字来概括它，“中而因通”，这四个字就可以概括传统文化的基本道理。王阳明是个标兵，就用他来意思意思：中而因通有了人格形象，王阳明的风格有了可以抽象的概念。

咱们先讲“中”。陈寅恪提出可以写一个字的中国文化史。半个多世纪过后，果然有了一本解读“中”字的文化史。庞朴在改革开放之初就提出不该讲一分为二，正确的是一分为三。庞朴在他的学术盛年用十年工夫注解方以智的《东西均》，非常令人尊敬。中庸智慧抽象地说就是：合二而一、寓虚于实、随中取权。杨献珍因为讲合二为一倒了大霉，因为他破坏了一分为二之国家哲学宣传，动摇了阶级斗争的哲学基础。尧舜“允厥执中”，孔子“执两用中”，都是圣人级别的中庸典范。中庸就是用中，用中道，过和不及都是反中庸的，你用了“中”你就会“中用”，不“用中”，中了用也是邪的，走不远，这是原理。过犹不及，过和不及都是不对、不好，宴会上第一头乳猪是善，第二头乳猪就是恶。经济学讲边际效用，边际效用递减，你第一台车使用率百分之八十，第二台车使用率百分之十，第三台车基本上就是库存了，现在服装的库存是百分之四十七，就快塌架了。孔子回答别人的问题，叩其两端。即使是个愚夫，他既来问问题，也是犹豫不定，一方面，另一方面什么的，正确的回答在哪里呢？就是叩其两端,从中间给他回答,没有一劳永逸的、现成的标准答案。“用中”才能“中用”，要不中用了就不是道了。

鲁迅写过一篇文章叫《论照相及其他》，是对中庸艺术的剖析。他说，梅兰芳扮林黛玉的照相放在上海光华大照相馆前边，从那儿过来过去的人都看，男人看其扮女人，女人看其男人扮，这种两面光滑，就是中国中庸的奥秘，这是鲁迅看见中庸的另一面。可以说是俗谛的中庸，真谛的中庸孔子说是不可能的。前不久，我和朋友合写了一本书叫《高明的力量》，仔细讲《中庸》的。鲁迅说的中庸艺术主要是官场艺术，乡愿两头落好的艺术。大学士费宏就是这种中庸艺术的大师，王阳明指责他，与他的矛盾，也是志士仁人与乡愿、侠儒与猾儒的矛盾。王阳明唯一的一个剑拔弩张弹劾官员的上疏就是剑指费宏。

阳明能在诡谲的明代官场全身而退，是他用中的“成果”。他死了以后，那帮人才死后算账，说明还是惧惮他几分。他自己形容在急流险滩中航行，操着良知的舵，任他风高浪急。他的良知二字就是经历“忠泰之变”时晗濡出来的。

阳明创立心学是涵三为一、举一明三的大事件，比剿匪平叛要大得多，那是一时之事，心学是百世盛举。但是没有剿匪平叛，人们也只会把他的心学当纸上的东西看。龚自珍浩叹：纵使文章惊海内，纸上苍生而已。其实，思想史上的东西比打打杀杀的东西具有持久的影响力，阳明在《传习录》中对自己的事功一句都不提。说心学涵三为一是说它把儒释道合成有机主义，一举心学儒释道都“一起明白起来”。把三教拿来为我所用，而且在今天还有用，应该就行了吧，还要咋的？

极“左”或者极右，只要一“极”就会举一废百，尤其是极权，居然会有“宁要社会主义的草，不要资本主义的苗”这样的“逻辑”！

“而”：开启可能性

“而”就是转折，转而不变是功夫。太极拳逢转必沉，借大地的吸引力，就是借身体重心的力。太极不用手，靠的是重心转换，我一转你就出去了。王阳明打宁王，先放假消息，不管他信不信，只要他一疑，时间就到了阳明这一边。宁王贻误了战机之后，阳明放他过去，端他的老巢。转那一下，就形成了新的形势。企业转型不转行叫作无痛转身。冯友兰说“无极而太极”的“而”字就是中国文化的奥秘。“而”就是有无那一转，阴阳那一转，福祸那一转。“而”体现了道——那神秘至极的“道”的“旋转”性，道就是旋转、漩涡的意思。

“而”是有阴阳的意思。阳明借剿匪练兵，用的是“而”字诀。当时宁王的谋士还嘲笑阳明是书呆子，剿几个山贼还值得如此张罗。阳明意在对付宁王，又不能让宁王察觉。如果剑指宁王，宁王可以杀了他。地方官在宁王眼里是家奴。但是阳明一阴一阳地给宁王制造了“漩涡”，让宁王着了道儿。

有人说儒家误国就误在“正其谊不谋其利”，如果提倡“正其谊而谋其利”就不会落后挨打了。可见“而”是个多么大的观念空间，具有多么大的可能性。

发现可能性、开放可能性、转变出新的可能性，是古今心学共同的“基点”。辩证唯物主义五大范畴之一是：现实性与可能性。希望哲学研究的就是：可能的生活。

“因”：借的艺术

“因”是顺，因材施教，因势利导，兵法讲究因粮于敌，到敌占区去吃饭，到敌占区去打仗，就叫因粮于敌。古代智谋里面有个“因”字诀，义和团闹起来的时候，明智人都反对，反对不下去，因为慈禧想出出气，那帮民粹派一定要弄，明智派在手上写个“因”字，对方就明白了，你眼看着他去轰轰烈烈的发展，眼看着他犯错误、栽跟头，顺着他的劲儿让他撞了南墙，那就叫作“因”字诀。所以过去除了好朋友才给你提那种尖锐的批判、批评意见，一般人都说好好好，非常好，明知道错了还非顺着他说，顺着他叫他“噔”撞了南墙。

阳明在江西对宁王一直用“因”字诀，他惹不起，管不了，人家是主子，你个地方官只是个奴才，阳明见宁王须行跪拜大礼。但宁王公开造反了，就可以举兵了。

因，不是干等、呆守，是借劲。《三国》的谋略可用一“借”字撮要：“驱狼吞虎”是最常见的，他如：借势借机借兵借将借地盘借名头借东风。

上面是叙事，是史学的，下面讲一点结构性的，哲学的。因的奥妙在“反因”，方以智在《东西均》中专门研究了“反因”：“天地间之至理，凡相因者皆相反。”

譬如，众妙之门就是众害之门。倒过来说：无知即知，无意即诚意。练武功的都知道无意之意是真意的道理。反因是“借劲”的基础。孟子讲万物皆备于我，方以智讲“皆备之我即无我之我”。孔子讲克己，方以智讲“克己之己，即由己之己”。

王阳明在剿匪平叛时的状态是“于时解脱，于时担荷”，这是最高明最难得的。

不通则不足以为道

所谓悟道，就是“通”了。民国以前形容一个人的学问常说“通”或“不通”。钱锺书做学问的宗旨就是打通东西方文化。王阳明龙场以后基本上通了，第一个表现就是自己不痛苦了。清醒着不较劲是功夫，活着不闹心叫解脱。第二个表现是与圣人之道通了，能够一空依傍自铸伟辞了。他的《五经臆说》其实自己一直保留着呢,不给别人看,他知道还有进步的空间，到后来，他亲近的学生表示要看，他不给看，那是已经超越那个层次了，最后就剩下几条了。他后来教学也好，日常生活也好，基本上都是用了“后天返先天”的自然功法，通透了，张嘴伸手即是。

不与问题较劲，在哲学上的成果就是“无善无恶心之体”，这是“大圆镜智”，没有这一句，“四句教”没有那么大的力量。“无”了才能与天地相似，才能随机而动，生出各种“有”来。不动心是接近“无”这种根本思维状态，达到了这种状态，才能发出高谋、制出良策。晚清讲变法,都引用《易经》那句“变则通，通则久”。龚自珍在晚清的巨大影响也是他体现了这种通透产生的智的直觉。

“通”得通向“道”，不能通向歧路，通向陷阱。严复晚年后悔自己引进西方的东西了，他说西方的东西就是八个字：“寡廉鲜耻，利己杀人。”这是由大道拐到了伦理这一个单行道上来了,他因此而拥护袁世凯称帝，便是走入歧途了。王阳明为了意识形态纯洁而认同秦始皇焚书坑儒也是这种错误。

没有孤立、静止、一成不变的通道，没有比废弃的通道更有悲剧感的了。心学这条通道至少废弃了半个多世纪，与如今的当红形成了古怪的对照，现在红的有点喜感了。马克思说，第一次出现是悲剧，第二次出现是喜剧，第三次出现就不是剧了。但愿心学一路走好啊。

月印百川，是另外一种“通”。串蔓结瓜，也是一种“通”。通道必简，有一堆证据；大道无形，更有一堆证据。

不通则不足以为道，高速路不通就变成了停车场。

有机主义“行”出来

中国的传统文化在理论形态上就是儒释道三家，乾隆皇帝用儒教治国、用道教治身、用佛教治心。王阳明的知行合一是三教合一有机主义，合了，才是出发点，不然，知行合一也好，三教合一也好，就都是一个现成词语。一旦成了现成的套路、现成的词语，它就没有感染力。要光在嘴上说，三教合一比王阳明合得好的人多了。王阳明和那些人有什么区别，就是王阳明是干实事的。王阳明推崇的是尧舜禹的精神，他是个侠儒，是行动的儒家。冈田武彦说王阳明是行动的儒家，突出那个知行合一的智慧，就是突出他行的那一面。

儒释道三教汇聚于一身，在民间开花结果，就属王阳明最成功。儒释道是中国文化的精华，把这三教能够融汇成一种人格，这人格呢，还能够在那个极权体制里做成实事，这是王阳明的独到之处："于时解脱，于时担荷。"

七、信解行证"得"身心功夫

"事上磨"从主体上讲是功夫上身的意思，你要不在实践上检验，你怎么能证明你功夫上身了呢？你不通过事，不通过练，光靠嘴说是不行的。信解行证是修炼的阶梯。

"信"是第一步

阳明学，你要不信，说好点，它不过是概念的诗歌，《传习录》你要用西方的实证传统看，那就是概念的诗歌。准确地说，连概念也没几个，也没有形式逻辑的那种论证推理。在逻辑实证主义者眼里，就是念头在跳来跳去。它本身是一种解悟的东西，你要不信它,你就不知道它的分量和含义,所以“信”是第一步。张承志写《心灵史》，写哲合忍耶，一开始你信仰不够的时候，你就不能开口唤，你想叫哲合忍耶，你叫不出来。

阳明学要求的信是感觉到位，感觉穿透，感觉像心光的光线一样不能拐弯，一拐弯就跟着习气、别人走了，就跟大多数人一样活成别人了。情绪要一触即转，不能执着，但感觉必须凝聚在初心、大方向上。一个同学眼睛痛，心思散乱，阳明说你这叫“贵目贱心”。一个同学接到家书说孩子病危，阳明说现在正是用功的最佳时机——不能被外物夺心，把不动心变成“能感觉的感觉”“能意识的意识”，信仰能让你成为一个抓住感觉并把感觉提升为“本体力量”“本体智慧”的真正的人。

信的层面的主要功夫是立志。或者说只有立志才能解决信的问题。阳明本人就是立志学为圣人后，别的都跟着变了。毛主席说这叫世界观的转变，是个根本的转变。所有的宗教都是能给人一个根本转变。

司马承祯说："信者道之根，敬者德之蒂。"

良知不可敷衍

然后是"解"，"解"是解悟，比如说我对王阳明多少有点"解"，但是这"解"和稻盛和夫的"解"就不是一个"解"。稻盛和夫的"解"是救命的,是解悟。我至多不过算是同情理解，而稻盛和夫拿王阳明的理论来管理企业,把京瓷做成大品牌。日航要倒闭的时候，稻盛和夫介入，他不做飞机，他做"致良知"，不为赚钱，而是为了让老百姓降低飞行的费用，这还真不是唱高调，这就叫知行合一。那些嘴上天天喊着"诚信"的人，往往一点诚信都没有，真诚信的人不标榜自己诚信。王阳明就曾说过："天天良知，天天良知，是人都腻歪，我的良知是千难万险体验出来的，诸君都敷衍。”你们都敷衍它，让人对良知都生厌了，真正有良知的人不标榜良知。

知识时代让这个“解”变得方便了，比如钱锺书为了写《管锥编》，得一麻袋一麻袋堆一屋子资料，现在人们啥都百度一搜，“解”也变得扁平化、脆薄化。如今的“信息崇拜”，全面推广了“不思之学”，信息泛滥“土崩”了主体性、软埋了主体性。心学强调将身心置于存在当中，内在发育的思想可以扩展主体感知度、遏制过分的符号虚拟化。

真正的解悟须先起疑情，百思不得其解，突然契悟后豁然开朗。起了疑情的“解”，很难，很金贵。现在“解”太容易了，就把解“泡”了，就没有解了，解了也不算。从网上搜信息是用完就扔,都“塑料袋化”了，并不在你心里滋润发芽，并不能够成为一种内功，只能成为一种资讯。这样在你“行”的时候就会无力，行是做功夫,也可以解释成行功,你做功夫到一定程度，就会“咔”地一下亲证——真正的明心见性的开悟是

“证”，“道流心法，无形贯通”，证悟出来的那是自己的，从你心里长出来的。解悟出来的还是人家的。假设说我把王阳明解得不错，那还是王阳明的，不是我的。而稻盛和夫就是亲证，他是证悟，还有不如我的那些人，是卖弄悟——卖弄一下，假装知道。

真正的解悟也需要做功夫。我只是在解读知识文本而已。学院派的基本上都是知识文本解读。《庄子》说得好：“可以言者，物之粗也，不可以言者，物之精也。”

古话可有好的呢，如：修命有为，修性无为。

“略”上突破立其大

王阳明把儒学做成“简易直截”的心学，就是用了“略”。他说为啥叫谋略，不说谋详。他说略难详易。略就是先抓住要害，用毛主席的话说就是先抓主要矛盾，并且抓矛盾的主要方面，就是决定矛盾性质和发展方向的那个方面，然后你再周详。谋略啊、战略啊各种东西他都说略，攻略，为啥他不说攻详，一详了就用次要的把主要的泡汤了。成了执政党的国民党，就失掉了“略”的大气，一步步变成了金碧辉煌的“阳痿”，被自己的形式主义弄成了样子货。一个写新四军的电视剧，写项英在皖南事变前撤退时，把印刷机器也带上:万一打不起来,到了那边就可以开工了。大米也带上，百姓的一片情义。啥都带上命丢了。越详，看似面面俱到，其实往往会因小失大。心学一直强调先立其大,包括那个信,怎么能信呢,就是立志气。为啥陆王心学先立其大者，第一要讲究立志。

毛主席说面上的工作要先抓好三分之一，就是略的智慧。

我徒弟的真实故事

说了半天，我觉得都不如下面这个实例有力量。就是前面提到的刘雄君，两年前开金矿宣布破产，几个亿打了水漂。他开始接触心学后，就啥也不为，每天必须学心学，像喝水吃饭一样，“信”了心学以后，觉得从前种种都是自己错。亏得失败了，不然不知道飘到哪里去了。我问他：信了什么？他说一个是善恶观，一个是责任观。理学以前的善恶标准都是死的、僵化的教条，按照那个去做，高估人性、心存侥幸，就给别人和自己留下犯错误的空间。阳明的善恶观给了“我”自由，有了自由才能真正“不动心”。不然就会纠结，就会不安，就不能正确思维，更别说做对事情了。另一个是责任观，做生意是让别人挣钱，自己挣不了多少。责任就是担当，就是面对，这样一来所有的事情反而简化了。他不经意地说了好几次：没大事，都是小事。他说，心学让他获得“新生”。他因信得解，因解而有行，现在意态闲闲地东山再起矣。

他来找我的时候，我说别跑了，免得你失望。他说我没有奢望，因为良知只在心里。这句话让我想起我在电视剧里特意写的这样一段：

阳明讲学：宁王和我们一样本来是有良知的，想当皇上这一个念头就把他的良知遮蔽了。念头，我们每天成千上万的念头，不克己审察如何得了！有人送来刚刻印的《传习录》，阳明举着《传习录》说：这是糟粕，诸君必须出自己的感觉，不能把心长在别人的腔子里。

功夫：训练感觉、提升感觉

阳明之所以总是请假、辞职，就是他没耐心做找不到感觉的事情。

官场流行的那一套“饰情行诈”的东西，他不肯干。前面说了，他不肯换频道。不让讲学，他偏讲学。他不做学问，让他讲章句之儒那一套他不肯。他要讲的是身心之学。一个台湾学者专门写了一本以身体为中心研究阳明的书。选题很好，可惜没有解决多少问题。因为没有讲清楚仙学这一块。阳明做功夫是从仙学角度做起的。他贴身大弟子王畿回忆：“（阳明）自谓：

‘尝于静中，内照形躯如水晶宫，忘己忘物，忘天忘地，与虚空同体，光耀神奇，恍惚变幻，以欲言而忘其所以言，乃真境象也。’”

能内照形躯，而且看得透明（水晶宫），已经到了能够与虚空同体，再让他与那些胡枝扯叶的人掰词儿他无法忍受。语词世界说好听的也只是名相，与实相无关。明代论内丹修炼的名著《性命圭旨》利集收了阳明《口诀》：

闲观物态皆生意，静悟天机入穹冥。
道在险夷随地乐，心忘鱼鸟自流行。

他还留下一个口诀全是用《黄庭经》里面的专业名词，显示他真修进去了。一直患病的身体使他从内心里喜欢养生学，钱绪山说阳明“因学养生，而沉酣于二氏”、切身体验出仙释二氏之学“其妙与圣人只有毫厘之间”，而且终身“每谈二氏，犹若津津有味”，并作为引领学生修养的入门路径，他认为，“能完善此身谓之仙，能不染世累谓之佛，二氏之用皆我之用也”（《天台集》卷十《新建侯文成王先生世家》）。理解他的学生都说他的圣雄全才来自其“学问全功”，如胡松说：“先生之才之全，盖出于其学如此。”只有这样，才能把儒释道变成统一的精神哲学——心学，从而成就圣雄全功。

他 37 岁在龙场时写的《答人问神仙》的信中说：“仆诚八岁而即好其说，而今已余三十年矣。”禅宗在唐代是一种密法，它靠的是禅师“以心传心”。禅师教学方法很特殊，他观察你的心态，然后用很巧妙的技术，通过一言半语或一个表情、动作，当时就把你所有的妄念一下给止息，你本来的真心就会呈露。即使这种真心、本性的呈露不能延长，也能使你在一两分钟之内体验到涅槃妙心。你从此以后就知道怎样修行，这就叫作“见性”。明心见性这一个方法就可以治疗身心疾病,优化心理结构。阳明让几个大弟子私下读《坛经》，他终身坚持打坐，除了写信，回答学生的问题基本是禅宗式的。也就是说他训练感觉的技术是禅宗的。他提升感觉的质量是给它一个儒家的方向。

在电视剧里，我特意写了这样一段台词：

（让阳明去剿匪）学生问：为什么辞？阳明说：讲学功在千秋啊。学生：江西百姓可在水深火热之中啊。阳明：我年轻时想整顿边务，他们不理我，后来我想干实事，他们让我坐冷板凳，我都45岁了，不能临阵讨贼了。学生：那你的兵法不是白学了。阳明：哪有白学的东西，都融入我的学说了。人们骂我赞我都很滑稽，我的学说是三教合一的兵法。学生：你只讲修行从来没有讲过兵法啊。阳明：能说出来的都是假的没用的，佛经的真意在语言外，但看多了还是能够看懂，道教的经典不做功夫永远看不懂，儒家的真意不在那几本书里，在落实到行为上。学生：在落实到安顿百姓、消除祸乱上？

意牧念头

前面说了，他做的功夫主要是训练感觉、提升感觉。感觉由“触”而来，内感觉由念头来。内感觉是体，感觉是用。修炼内感觉是纲，在事上练的主要是内感觉，譬如不动心才能随机而动。念头从哪里来？从心地来，所以叫心地法门。心地就像土地一样，是个基础。心地怎么练？信、解、行、证循环着练。不可敷衍、不能自欺：未得言得，未证言证。这也就是“诚”了。你看《中庸》赋予了诚通天彻地的伟大功能。心学的要害在念头功夫，念头就是我们这个思维，真正修行的人是要打念头的，因为念头太软弱了，我们一天到晚妄念纷纷，睡梦中念头也不断的，佛禅主张无念，王阳明说怎么可能，死人才无念，只要是活人就有念，这是王阳明攻击禅宗最有力的一个说法，但是为什么还要叫念头功夫呢，就是正因此更要把你的念头调正，心学的第一个方法就是正念头，把念头调正，这需要“克念”、克己审察。

举个不肯克念的例子吧。宁王想当皇帝，就这一个念头，就把他带到沟里了。不想当皇帝他是一个很好的王，热爱艺术，鼓励学术。明朝的戏剧就是老宁王推广起来的，那人叫朱权，是明朝戏剧的总后台。王爷有钱，养戏子，拉剧本，搞研究，好多戏都是他干的。一念歪了以后接着歪，再接着歪，一开始养死士、雇杀手、私造兵器、滥杀无辜，直到公开造反。他把愿望当必然了。

你们好像对电视剧感兴趣，那就再来一段：

阳明在兴隆寺讲学：修炼身有许多功法，要害在放松；修炼语言有许多功法，要害在不出声；修炼心有许多功法，要害在自然。这样就能体会到一个非空非有的东西，如太阳一样不断地发光，但又没有颜色形状，这就是“自性”——明心见性的那个自性。体会到了就是智慧，保持住了，就是修行。——底下抗议声起：哪是儒学，分明是邪禅！阳明答：找不到自性的才是邪。

这样的电视剧就是讲学了，所以也就只能在这跟你们说说。

不抄两句写过的感觉支不住。2016版《王阳明传》第十一回中的“致良知功夫的诀窍”：首先是“正念头”，其次是凛然一觉出滋味，第三，绵密保任良知，第四，“事上为学”功夫不断——不展开讲，就没有打开那个语义场，抄了也白抄。

“空”是为了与天地相似

念头十分软弱，随波逐流，一天到晚成千上万的念头，那为啥有些人成功，有些人失败，就看念头的质量。练精化气、练气化神、练神还虚，这是练武功、命功、性功、道功的几个境界，也是身心之学的境界。达到练气化神的境界，这个念头的质量就高了。为啥说“空”

那么重要，人本来和天是相似的，但是你一有了私欲，一有了邪念，就跟天不相似了。宁王一有了当皇帝的念头，就走歪了，你一有了什么，就跟天地不相似了。为啥修行先要“空”，这“空”就是为了让你与天地相似。哲学上这“无”永远大于有,道家无中生有,佛讲“空”，这个无大于有，就给意义世界一个哲学支持。实体的东西是物质的，过去人们吃饱饭最重要，窝头管饱就是好日子，现在不是了，现在要吃品位、吃价位，吃来吃去三高了。这叫作随念流浪、麻木可惧。

心灵鸡汤常讲放空自己一会儿，放空一会儿找找感觉之类,是很有道理的。不放空就是偏见、先见当家，就是思维定势控制你的内外感觉。那肯定是着相的衍生思维状态，放空是进入思维根本状态的准备，还不是那个根本状态本身。思维的根本状态是有方向的，空之后产生的方向才是“大方向”。虚无给存在以意义就是这个道理，尽管虚无本身好像没有意义。

学会仰望，更能找到“能指”的那个“能”。好像古希腊的教育理念有一条：学会仰望。

在丛林里，仰望，得以从缝隙中看到天空。

养气就是养勇

知行合一要点在勇于担当。现在说真正的大勇来自信仰，信仰更需要勇气来支撑。古汉语比较自由而灵动，用“气”来支撑这一路的事情。譬如，士气，国家养士是为了让士给国家“养气”。中国人是气化宇宙观，什么都是气在顶着。文天祥的《正气歌》：“天地有正气，杂然赋流形。下则为河岳，上则为日星。于人曰浩然，沛乎塞苍冥。”这个正气是人间正道的支撑力、驱动力。信解行证之修为的结晶就是要“得了”这正气。孟子说的养浩然正气，信解行证的过程是个养即“集义”的过程，把正义、正能量集中到自己心里，就是大丈夫了。文化就是人类的自我设定，在无边的世界里，觉得“我应该这样”，就是心态，只有“集”

想多了才能有道德力量，有了这种“德义之勇”，才能“虽千万人吾往矣”。

宁王招降纳叛，号称十万大军。阳明是光杆司令。阳明去见致仕县丞龙光。随员气疯了：老大人，事有缓急！阳明：我办的正是急务。阳明对随员说：龙先生廉洁自律，致仕后衣食有忧，世人笑他无能，我独赞他给圣人之学留下了脸面！马上支给龙先生禄米，在门口树一个牌坊，我题额以树正气。这是社会组织类型的“集义”。

说这个为了显示阳明在大战前的念头功夫。放空是“集义”的预热功夫。阳明一生功业“勇”为其基。他平常的游山玩水也相当于放空自己，养了个一腔清气满乾坤。

修行里有行话“净其炁海”，方法是把杂念全部摒弃。杂念即是私心，私心就会遮蔽道心、真气。养气是个内在发育过程，必须“勿忘无助”，忘了就回秧了，助了就拔苗了。忘，不及;助，过。中国是气化宇宙观，天地一气，人这个小宇宙也一气。勇，尤其是德性之勇全靠浩然正气。心学讲求修心炼胆，就因为人活一口气，勇气是行之本。

推荐张载的《西铭》,同学们最好背过。如果说《心经》是般若部的精缩,《西铭》则是儒学的精缩。阳明还没有一篇压得住《西铭》的东西，尽管阳明是明代文章大家。大概是因为他的“气”不如张载浩然充沛吧。张载讲学坐在一张老虎皮上，跟座山雕似的。

良心是操心强迫症

阳明胆大冲天，心细如发，辨觉力锐敏至极。他做事如同写书法，先在心里有了形，再点捺一丝不苟地完成。到了南赣任上,见巡抚衙门富丽堂皇。阳明说:钱都花在这上面了，难怪民不聊生。他派人下去摸底：南赣地区需要多少粮食救济，保证不再出现新的流民?从城市到乡村全面实行十家牌法:互相监督、斩断眼线。

一家通匪十家连坐，以断匪源。阳明把一老吏叫到后堂：跪下，交代你的通匪方法。老吏交代了他的上线下线联络方法。阳明说：此事只有你我知道。

很快家家户户门口挂上了牌牌，上面写满姓名。王阳明挨家挨户地了解十家牌法的落实情况。一个老头悄悄说：我不敢举报啊，怕报复。阳明说：你就不怕我？老头：你们当官的拍拍屁股就走了，我们世代在这里。阳明：我正是为你们世代平安啊——这个十家牌法将成为永久制度。为什么有人敢欺负你们，就是因为你们一盘散沙，你们组织起来，就不用害怕了。

他推行十家牌法还加乡村教育，坚持搞“讲会”：就在你那三间茅草房里也能活得像个圣贤！让老族长们大讲礼义廉耻，形成一个制度：半月一会，推选会头。精神互助、经济互助，搞民间集资、会餐。王阳明这一套东西对民间社会影响深远。其实是有道德教化立意的民间自助组织。

这些方法都不难，难在真诚不真诚：你是来当官来了还是真解救老百姓来了。习近平在当国家副主席时在贵州说王阳明真做到了知行合一。

知行合一最难之处难在哪里？难在良心。剿匪成功后，阳明摆酒感谢他的学生，学生愕然：我们又没有冲锋陷阵，为什么感谢我们？阳明说我一开始布置这那的时候，心慌，生怕让你们觉得我说的和做的不一样，后来觉得和跟你们讲课一样自然妥帖了，就赢了。

阳明已经活捉了宁王，正德还自封大将军来亲征，出发时让几万人马找一根簪子，几万人找了三天找不到刘娘娘的簪子。正德大怒：禁止天下人畜猪，因为"猪者朱也"。那就杀吧。了不得，杀猪即杀朱也。愁坏了地方官，有人想出高招：把猪丢到河里去。等正德准备坐船南下时，河里飘满了猪，有死的有活的。——这是真事，不是电视剧。西方哲学家说中国人只有皇帝有自由。正德的自由是由自。中国自由主义大师胡适的自由定义就是"由自"。胡适用这个由自的自由在"台湾"发表竞选演说，他的学生劝他：当选是要管军队的，军人都由自了，那还了得？

阳明不可能有正德的自由，只能有良心了。

自由说不清楚，良心也说不清楚。

啸咏

八、良知即中庸

《中庸》把儒家的伦理和天道打通了,《中庸》也把孔子地位神化了，在《论语》里孔子就是个教书匠，到《中庸》就是体现天道的圣人了。

《中庸》里讲，中是天下之大本，和是天下之大道。王阳明说自己提出来的良知就是天下之大本，天下之大道。为啥说良知,不说良心,良心就是偏重感性,拍拍胸脯，问问良心是吧，感觉化的。良知包含了理性层面的涵义,格物致知,是一种整合的能力。把看见、看不见的整合到一起，从这里头，确定你的精神高度。

王阳明在南赣的时候给白鹿洞书院的主持，也是他的学生送上自己手抄的《大学古本》《中庸古本》。他的古本《大学》顶替了朱熹修改和评注的《大学》，他的古本《中庸》没有掀起什么浪花。但他无数次说良知就是中庸，对《中庸》频频致意。所以，咱们这次专讲《中庸》。

“你可用剃刀做任何事，却不能坐在上面。”

中，是“对”；庸，是持续。一个人做一件对事并不难，难的是一辈子做对事，不做错事。做对事，需要仁智勇；检验对错的标准是仁义礼；让标准上身导心的是“诚”。诚，是天道；诚之，是人道。得道，是通达，不通不足以为道。道，需要修，修道的是“教”，教什么和怎样教？从诚身（慎独）做起，在家“亲亲”，在团队“尊尊”，不断地去扩充自己的同情和移情，从而充分实现自己那上天赋予的本性。感情是信念的基础，头脑与心灵不可分离，一旦分离，头脑（思想）

会枯竭，心灵（感情）会迷失方向。智的心（头脑与心灵合一）以同心圆扩充,由自己扩散开去,从家到国、最后是整个人类（无产阶级只有解放自己才能解放全人类）。移情超越了自私，移情到整个人类就超越了军国主义。扩大的过程配合着深化的过程：自我是各种社会角色的总和，当移情增加的时候内在生命愈见丰富，从而能够知己之性、人之性、物之性，从而成己之性、人之性、物之性，臻达万物一体之仁。

这就是《中庸》的主题思想和基本逻辑。

辜鸿铭说孔子对中国文化的贡献就是从礼崩乐坏的战火中抢救出来了规划中国未来的“设计图纸”——“五经”。可以给他补一句:图纸的顶层设计就是“中庸”。《中庸》不仅与儒家所有的经典相互贯通，而且也与道教（钱穆的观点）、佛教（李石岑的观点）的经典相互贯通，甚至与西方亚里士多德的“黄金中道”（golden mean《尼各马可伦理学》)可资比较。这个图纸没有错，其顶层设计尤其没有错，后来施工出了问题是施工问题。这个图纸到了互联网时代更显得高明，才人人得见其高明。

中庸是种生命风格：不能为了点亮我的灯拔了你的蜡烛，没有排他性，也几乎没有竞争性，因为它主张“万物并育而不相害,道并行而不相悖”(第三十章)。坚决反对把政治作为利益分割的战场，“政”之五达道是五伦(社会生活的五种经纬，家庭关系占了三个)，九经的第一经是修身(内修德性、外修礼仪)，要求像种树一样执政(第二十章“人道敏政，地道敏树”)，政要开通天命、性、道、教的通路，要让每个人都有道德进步的动力、轨道和空间。执政的人要想“治”人，必须“知人”“知天”，必须己所不欲勿施于人。仁政是疼爱人的政，人治是通天的圣人之治、温和的通情达理的君子之治。作为“设计图纸”，这种理念至少直通“三民主义”(蔡元培的观点)，而且比康德的永久和平论有操作性。它要求统治阶级与被统治阶级都必须遵守五达道、九经，双方都要守分，都不能过分。

中庸政治学高明得犹如都江堰，是灌溉与堤防一体化的水利工程，其生态理念将永放光芒。

中庸为人道立极，开启了生命实现自身价值的最高可能性，围绕着下至愚夫愚妇上至君子圣人的终极关怀编制了同心圆扩大式的生活方式、生存方式。《中庸》用中庸思维演绎中庸之道，心灵从未发之中修炼，头脑从发而中节训练，修炼“中”靠“仁”（亲亲），修炼“和”靠“礼”“义”。西方发生过大规模的宗教战争，其根源在心灵与头脑不能融合，无法消弭利益分割，中国没有过宗教战争，那些混战的军阀反证了中庸之道的高明——他们违背了中庸之道那“和平的艺术”。那种武化破坏了文化——用“文”去“化”。坚持用文来化育的是王道，坚持武化的是王八蛋之道。

《中庸》修道立教的文化哲学是有体有用的哲学，既培训司机也生产汽车还设计道路。培训司机以修身为主：生命取向要高（做知天命的圣人），生命体验要深（戒惧慎独），生命能量要强（君子之强）。生产汽车以知物性、尽物性、按着物的规律让物的性能最大化为原则。设计道路就是“五达道”“九经”(《中庸》第二十章)。

中庸之德是人间妙道：己欲立而立人、己欲达而达人。中庸之法是执两用中、时时处处恰到好处。中庸是反乡愿的，却被当成乡愿挨了无数的骂。其实细读鲁迅等大师批判中庸的文字发现：并没有批判中庸本身，批判的是无耻政客、二丑文人。中庸是高明的人生哲学，因为“你可用刺刀做任何事，却不能坐在上面”。

中庸就是通道

王阳明在八股文考试卷子中作“论”的题目是《君子中立而不倚》，阳明全以“勇”来上下左右申论，“勇所以成乎智仁而保此中者也”，而且“国有道无道而不变”才是最高境界的“德义之勇”。当考验来临、能否中正，关键在有无道德勇气、能否挺住。阳明说的句句是心里话，尽显侠儒的本性。

《中庸》第十章专论“勇”。区分了三种“强”。南方之强虽“君子居之”，但还不是君子之强。北方之强，强者居之，距离君子之强最远。南、北方之强都要“胜人”，君子之强则要自胜，强在纯乎义理，勇于彻底改变自己的习性、变化气质、实现一种具有宗教意味的“根本转变”。君子之强是志士仁人之德勇，“和而不流”抵抗流俗，“中立不倚”是自由之意志。只有内中外和了才能有此豪杰气概、确乎不拔之特操，才能“国无道，至死不变”。没有了勇，就读乡愿、两面光滑、无特操了。

豪杰未必圣贤，圣贤必是豪杰，因为没有“德义之勇”一切有价值的事情都不可能做成。

要想中庸之德上身最重要的是什么，是勇气。没有勇气就没有中庸，你要不敢担当就不可能有中庸，阳明在那篇“论”里说得特别好，志士仁人什么的，都是靠勇气承当。像阳明平宁王的时候好多人都观望，朝里的大官都观望，就怕万一宁王成了，就成永乐了。永乐掌管天下诛方孝孺十族。王阳明也怕这个，他派人回老家去保卫他爹，把他夫人的住处用柴火围起来，如果失败，就点着柴火。平宁王难，难在首义，当时学生就劝他，而他说漫天下反对，我辈也只能这样做，什么叫良知，就在这种时候做这种选择。于此，可见“良知即中庸”的内涵。良知是在这种大是大非面前决定怎么办才是对的。

这也是章太炎赞美阳明“敢直其身，敢行其意”的“躬行”烈德。章太炎说中国不缺“降臣贱士”“倡优”式的儒，清谈的儒，就是缺少王阳明这样的“起贱儒为志士”的侠儒。

有了“勇气”才可以担当“天命”。《中庸》开篇三句“天命之谓性；率性之谓道；修道之谓教”没有给性、道、教下定义，是给中庸建立了一个框架。性、道、教是“命”的打开方式，“命”也只有在性、道、教中开启自身，这四者动态地相互贯通构成“活性”的中庸之道。四者互动、统一构成中庸的含义。中，是上下通；庸，是不变的普遍性。道，是通达的路径。

性自命出，命由天定，天是天道级别的“抽象”，性是人道级别的“抽象”，道的要义在贯通天人，“中”是对这种贯通功能的一种“抽象”。让“教”贯彻“中”的特征和功能，过去、现在、未来都不变，这个赓续不变、绵密保任的工作叫作“庸”。

天命因其中庸属性与功能给了人天性。人遵循这个天性而为（率性）才是正道，发现、维护这个道的文化才是真正的教育、教养（人文）。与天“保持通话”是上天赋予你的天性。如果你自暴自弃，为所欲为，那是你禽兽自居，天也救不了你！被历代圣贤过度阐释的中庸，对于人来说就是这样一种自个儿成全自个儿的文化形式、文明之路。中庸之道是让你好好学习天天向上的心路与天路合一的道路。而且人只要活一天就永远只是“在路上”，不可能完成，只可以永远打开、再打开，以保证道路畅通。谁一标榜自己完成了，谁就“堵”上了，不通了。这是中国没有上帝依然有着巨大超越性精神功能的原因：天人互根共生，因此而生生不息。

命、性、道、教是一个自循环系统，循环得以贯通叫“中”。再说一遍：中，贯通了天、性、道、教，就像射箭穿透了标的。恒常不变地保持住这个状态和境界就是“庸”。中庸就是通道。这个系统像今天卫星导航，安上它就能成本最低地到达目的地。儒教坚持认为：一个人，一个家庭，一个社区，一个团队，乃至一个国家都“应该”遵循这个精神系统的指引；如果你遵守了中庸之道，明天就会更美好，如果违背了它终究会败亡。

致良知就是致中和

中庸是“上身导心”的“精神导航”，须臾不可离的，如同呼吸一般：人没有了呼吸，就是尸体；人背离了道（同时也就背离了自己的命、性、教），就是走肉。中庸之道难以尽言，《中庸》原文又转而用君子之道来“说明”中庸之道。君子是中庸的人格化。为了保证不背离中庸之道，君子战战兢兢地“非礼勿视、非礼勿听”（戒惧），对于别人不知道只有自己知道、至隐至微的闪念也高度警觉（慎独）。刘宗周服膺阳明学就是这一条：为天下提住了心。阳明多次说“良知即是独知时”，这种在意念发动、举手投足、行卧语默之中提住向上贯通的心力的精神训练，是为了守住“喜怒哀乐之未发”的那个“中”之体（天命之性），从而保证喜怒哀乐发出来的时候总是恰到好处（中节），“和”是中之用。——这是心学功法的一个提纲。

经文立即从一个人的中和推到“天下”，因为，一个人的中和是“细胞”达标，让天下致中和才是中庸之道的意义之所在。这，像《传习录》的上卷讲个人，中卷讲良知大行，天下大同似的。天下，不是天，也不是天命，是天命之性化育而成的人文世界（社会制度、礼乐教化）。顾炎武为什么说“天下兴亡匹夫有责”，就是这个意思。人们随便讲成“国家兴亡匹夫有责”，正是顾炎武要驳斥的，那是一家一姓之兴替，肉食者鄙之肉食者谋之的事情。

中，为什么是天下大本呢？因为，中是天命之性，天下之理都由此生发（但是要问天下之理为什么都由此生发呢？不见孔孟程朱陆王有过正面回答）。本，是根本，大本，是最高、终极的依据。和，是中的实现和落实，表现为方方面面的通达，首先是天人合了一。致良知，就是“致中和”，就是得“通”。一个人致中和了，就是君子，一个社会致中和了，天地各安其位，万物各得其所，人与天地和谐运作，人和万物都得生生不息地化育成长。

什么叫心学？心学就是像对待心一样，对待人和物。格竹子干什么呢？其实就像对待心一样，对待竹子。我是把你当成心，来感觉，感应。这里体现的是万物一体之仁，咱俩都是生命，是同生共长的。这落实了《中庸》提示的人与天地参的境界。《中庸》里的“致中和参赞化育说”与西方人类中心论有个根本区别：它不是以征服自然为人类进步的标志，而是以尊重自然、促成自然界的进化为人类生存发展的前提，这一学说为人类可持续发展提供了启示。破坏了“中”,必遭报应。“大跃进”的失误,根源于错误的哲学:“人定胜天。”20世纪50年代，天天“人定胜天”，改造大自然，向自然进军，其实就是向自然要钱，掠夺，以早日实现工业化。这就是没有像对待心一样对待物。

良知为什么就是中庸呢？重点要说这知，知就是一个整合能力。一个测量，整合的能力。王阳明有时候讲“知是心之体”，有时候讲“乐是心之体”“定是心之体”，相比较而言，知是“觉性”，更根本一些，乐和定是状态性的。整合能力里面的核心技术是辨觉力，迅速调整还来得及。吃草动物这种能力差，所以孔子说“狠如羊”，不是羊凶狠，而是羊辨觉力低。不肯及时调整就是“犟”。所谓精神能力,辨觉力很重要。

他最后讲“良知就是良能”就是后天返先天成了功。你能做到良知就是良能，本能反应成了良知发用，就是个良知人了。犹如高手应敌不假思索。功夫上身要求知行合一。知是意识的内容,行是意识的行为过程。知道这个东西，和你怎么落实它，怎么贯彻它的行为要一致，一致了就是真人。阳明多次讲：良知就是真诚恻怛!

行为方式：仁、智、勇

在儒学谱系里尧舜高过周公，周公高过孔孟。譬如王阳明觉得舜是知行合一的第一圣人。不是儒家的鲁迅说大禹是中华民族的脊梁。阳明文章里多次提倡舜那忍辱而坚守大伦的圣人的行事风格。舜的后母和他同父异母弟弟象千方百计地想害死他，舜百死千难地感动了他们，舜的孝顺也成了他圣人人格的重要内容。《中庸》除了讲天道、人道更大讲政道，当过“帝王”的舜就成了最有说服力的“例子”。

舜，在《中庸》里没有半点神话色彩，只是一个会搞调查研究的基层干部形象。然而，“道妙”正在于此，普通见非凡：“好察迩言”的意义在于克服了自我中心，向他人之知敞开了自己智量，从而获得了通达性目光。这也是阳明极力学习而且基本做到了的。这，其实很难，因为自以为是是几乎人这个类的通病。《论语》：“子绝四：毋意、毋必、毋固、毋我。”朱熹解释意、必、固、我是“私意、期必、执滞、私己”，四者的关系是“起于意，遂于必，留于固，成于我”。意必常在事前，固我常在事后，“我”又生“意”，循环无穷。私意具体化便是许多人的“我以为”——人都活在“我以为”中（圣人除外），检验对错、有效与否的标准又不是一个“我以为”，于是误解舛错丛生。有意必就有固我。张载说，这四样有一个，就与天地不相似了。

舜，是用中庸精神转化世界的君子典范。《中庸》用舜的“故事”向世人证明：知、明、行是领取命、性、道、教合成之“中庸”必要的条件。阳明提倡学习舜主要是突出“力行”“躬行”“忍耐着做”。

《中庸》讲舜能中庸侧重“知”，颜回能中庸侧重“行”。君子是能够把道和生命整合为一的人。颜回一旦择善就“固执”不失，他这种守中庸的纯粹性，造就了箪食瓢饮不改其乐的生命境界。能够择善是智，能够固执是勇，能够不忧、不改其乐是仁。

《中庸》第九章，子曰：“天下国家，可均也；爵禄，可辞也；白刃，可蹈也；中庸不可能也。”“均”“辞”“蹈”都是外在的，中庸是内在的，从承当自我省察的“慎独”到具备舜之智、颜回之仁、再特意提出的君子之强（勇），的确是异常困难的。但一部《中庸》尽管反复感叹中庸不可能，却是以一定要实现中庸为宗旨的。说不可能是为了突出中庸之难能可贵。中庸之不可能，不是中庸自不能，而是人自己不能中庸。这个不能，主要是不肯。王阳明解“上智与下愚不移”不是不能移，是不肯移。人不肯克服自己的习性私欲，不肯实现上天赋予自己的天性,不肯从滚滚红尘中超拔自己。蹈白刃是血气之勇,并不是德勇;辞爵禄可能是政治伎俩,而不是德仁;均天下削高就低正好破坏了文明建设,不是什么德智。朱熹说得好:中庸之可能,根本不在一才一节,而须义精(贴智)仁熟(贴仁)、无一毫人欲之私(贴勇)。

从第六章到第十章,《中庸》逐级表明:知不达、仁不至、勇不诚,虽有志于明行中庸之道,而皆不能。而知如舜、仁如颜回、子路再多一点君子之勇就可以明行中庸——也就是说中庸还是可能的。经文后面详细讲述了智仁勇三达德是相互通达的、三者废一,都不能造道成德。

君子中的圣者"依乎中庸",这个"依"包括智知、仁守、勇行。"遁世不见知而不悔"引入了"诚"的问题——对自己的内心高度负责,不怨天,不尤人,这是承当中庸的人格担保。阳明晚年才有了中庸气象,准确地说他提出良知、致良知后才有了中庸气象。他自己也检讨以前只是个狂者。

忠恕须自得

人与人之间的关系抽象起来就是个自我与他者的。

孔子曾说我之道一以贯之,就是“忠恕”(《论语》)。忠是尽己,恕是克己。忠要求自我与自我的通达,从而充分地实现自我。忠君并不是无条件依附顺从君主(那是妾妇之道,而非中庸之道),而是充分地表达自己最真心的观点,直接按照内在心性的选择去做(忠,从心,中声),自己的做法与自己的内心以及与君主都是直道通达、良心与体制不矛盾,才是真正的“忠”,或者说,在体制中不违背良心才叫忠。

“恕”的字义是“如人之心”,不是简单地推己及人,而是让别人也能打开自己,从而做到彼此心通——这是最能体现“仁”之要求的精神功课了。《说文解字》:“恕,仁也。”“仁,从人从二。”强调的是人与人之间的共通感、贯通感。麻木不仁是麻木不通,因为不通才麻木可惧。讲到这儿的时候不仅浩叹一声:难怪阳明说他的心学是千古圣学一点真骨血！

本章最后一段标示的“庸德之行”“庸言之谨”是指示一条修道立教之路：言行相顾、越进步越看到自己的不足之处，不懈地勉励自己把日用伦常活动转变成个人道德进步的修为。阳明几乎天天讲这个道理。

反求诸己是心性儒学一大心法，被后人讥为“向内转”（政治儒学则向外转、侧重礼法建设）：素其位而行、无入而不自得——这是儒家大丈夫人格理想的基地。自得之学，到了明代因湛甘泉、王阳明的倡导而成为可以与佛道抗衡的儒学新亮点。阳明讲自得没有湛甘泉好，也没有湛甘泉当时和后来的影响大。明代自得之学的代表人物是湛甘泉。

《中庸》第十四章：“君子素其位而行，不愿乎其外。”这是“庸德之行”“庸言之谨”的内容。“素富贵，行乎富贵；素贫贱，行乎贫贱；素夷狄，行乎夷狄；素患难，行乎患难。君子无入而不自得焉。”素，是坦然面对当下处境。处境是外在的，由得别人由不得自己。但人的观念、意识是由自己的意志决定的，譬如同样被捕，江姐当了烈士、蒲志高当了叛徒。处富贵境遇也是修己安人，处贫贱境遇也是修己安人，在少数民族地区也是修己安人，坐大牢也是修己安人——外物于我何有哉！阳明得意弟子冀元亨就能做到这一点，坐大牢把看守都能感动了。人们问冀元亨夫人：你丈夫能这样做靠的是什么学问？她说我夫之学，不出衽席阃帏之间。——就是我们一再强调的心学就是做生活的学问！

人的价值观是个精神整体，这个整体的底色就是这个“素”（《中庸》经文最后一章又隆重结穴于此）：君子风度来自素位而行，小人肆无忌惮。

怎样接近中和庸，怎样让这中和庸成了你自己的，只能靠致良知。你有一分良知，你就有一分中庸，你背叛一分良知，就远离一分中庸。

诚：交相胜

因为王阳明重视《大学》，所以我过去侧重讲他在《大学》的贡献。这次补了课，把《中庸》遛一遛。如果对《传习录》熟悉，就会从上面串解《中庸》的过程中呼应出阳明说过的话。我不厌其烦地说诚意是心学的第一法门，现在借《中庸》把诚横到边竖到底地讲一通。因为诚是中庸的拱心石。从第二十章开始，沟通天人的枢纽的“诚”终于现身了——反身不诚，五达道不通、九经也将因此而不行。

王夫之《读四书大全说》卷三《中庸》：“‘诚’为仁义礼之枢，‘诚之’为智仁勇之枢，而后分言‘诚者天之道’，‘诚之者人之道’。须知天道者，在人之天道，要皆敏政之人道也。”敏政的人道包括仁义礼、智仁勇，将它们贯通的是：诚。因此，伦理的五达道、政治的九经都以诚为根基。所谓根基就是“凡事预则立”之“预”，以诚为本，就是“道前定，则不穷”。圣人生知安行、能够体现在人的天之道，能够“天然”地诚、天然地“从容中道”。“我们”则需要用知来入道、用仁来凝道、用勇来向道——“择善而固执之”，包括博学之、审问之、慎思之、明辨之、笃行之，都是诚，都是在用“道问学”来“尊德性”，都是通过“学习”来落实择善固执。

《中庸》理直气壮地宣示教育对于命、性、道的支撑作用，教育到位就可以星火燎原、一十百千地扩展，个人则可以从愚蠢变明智、由柔弱变强大。立教是修道的主体工程，“教”成为中庸之道这个导航系统的支持系统。

第二十一章说自诚明，谓之性，是坚持“诚”能够导致“明”，确立了“诚”的本体地位，使向善成为我们做人的责任——这是人人共有的天命之性决定的！譬如一个老太太能够这样将大儒朱熹震住：我大字不识堂堂正正做个人。需要注意的是，不能认为“诚”是现成的，因为我们毕竟不是生知安行的圣人，我们必须努力“明”道，从而能够真正地成为一个人，这个过程叫作：自明诚，谓之教。自我教育是“明”的关键。作为功夫的“明”照应着开篇说的“修道之谓教”。

诚和明的关系是互动共生的，诚则明凸显“诚”为本体，明则诚强调“明”是功夫。本体功夫贯通合一，我们就能日新日日新了。阳明生平最后一场演讲就是：圣人还做困勉的功夫，我们怎能自封生知安行？

诚，在《中庸》中忽而是宇宙能量，忽而是道德决心，它们之间语义贯通，有时候可以意义互换。打个比方：它是宇宙的氧气，也是人间的正气，它是天下共享的一个本体论的“实在”。诚，是天道之“实然”（诚者，天之道），是人道之“应然”（诚之者，人之道）。人道应该与天道同一，天道确实在人道中打开。诚是天人之间的真理。人只有“率性”（遵循天性）的时候，才能体现出“诚”这最本真、最深刻的德性。具有了这德性就可以体现其宇宙能量。这是本章的基本理据：诚给出了世界，使人得以与天地“三才合一”，参赞化育。

诚是万事万物化生之原则，天生万物即为天之诚，诚形诸人心即为“性”，此性外显即为人之诚。人应依此天赋之“诚”而行，才能成就万物。诚，不是目的，是目的因。诚给出世界的原理在它成天下之性，性立天下之有。对于人而言，成性通过诚打开了人性最高的可能性，于是能够尽己之性、尽人之性、尽物之性，能够尽物之性就可以按照物的规律化育物，譬如可以克隆羊。人，就如天地一样是可以在宇宙中产生一种创化性影响。诚，不仅是一种存在状态，也是一种生成过程；达到诚的过程本身也是一种重构世界的道路。

第二十四章讲至诚如神，相当于康德说的上帝才有的“智的直觉”。智的直觉能够超越逻辑推理、实证认知。东方的圣人、贤人、能人都有洞穿“物自体”的智的直觉，因为东方哲学的底色是心物一元，“诚”的标志之一是能成物之性,也是因为心物是一元的。《说文》对“圣”的解释就是“通”，心物贯通是基本，这可以算儒家的不二法门。圣人通达天下物理人情，通过一些征兆做出预先判断并不神秘，有时候比实证化的大数据的结论还有效，因为大数据依据的是“过去”，未来往往不是由过去决定的。诚的这种预知能力，来源于天、性、命、道的通达。不诚，肯定不灵。

诚，之所以是中庸之道的基础，因为它既是天道的本然，也是人道的应然，更是贯通天人之际之通道本身。作为通道本身，它不是“一物”，而是贯穿于“物之终始”的一种“性能”。日月经行是天之诚，生养万物是地之诚，至诚之人可以参赞天地之化育。人不诚不能“知”己之性、人之性、物之性；更不能“尽”己之性、人之性、物之性。“不诚无物”，可能会得认知失调症患。君子中庸，是因为君子是“诚之者”。小人反中庸是因为小人不诚。

君子不是“素隐行怪”的自了汉，他是“己欲立而立人，己欲达而达人”（《论语》）面向世界的行道者。“成己，仁也”，说的是完成自己的道德责任。“成物，知（智）也”，说的是要有心物贯通的智能。

诚，是“性德”——来自天性的道德。“自成”是其本质特征，它具有自我生成、自我深化发展的天性。这个性能配置到“教”上，就是人的自我教育，配置到物上就是物的成长发育。这也是“诚”之为道的含义：“道，自道（音‘导’，导管、通道的意思）也。”

通道（导管）本身不间断，间断了就不再是通道（导管）了。因为不间断，就成了长久大道，获得了越来越多的认可（“征”），因此而被公认地老天荒的达道。“至诚无息”！

姜奇平在《新文明论概略》3.5.3.3 节“消弭心物二元的诚”中，用诚这一“通心物于一体的桥梁”之哲学能量成功地反驳了笛卡尔、康德心物二元论，然后说：“儒家空谈诚，对于西方来说是对牛弹琴。诚在现实中起作用，而且让工业文明本身为之撼动和退潮，主要来自两种排山倒海的现实力量。第一是互联网。互联网的力量来自 TCP/IP。TCP/IP 就是诚。它先使人连接为互联网，又使物连接为物联网，接着把人与物连接为智联网，将来还会把天人连接起来。这样就把诚从空想，变成高科技生产力支持的主流化的现实，把工业化生产力支持的现实贬为非主流。第二是信息化转型。信息技术与经济、社会、文化的结合，改变了人类的效能结构，将工业化的效率变化率的斜率，正负号颠倒过来，出现了相反的效能状态。这就是诚的效能状态。诚的效能状态就是‘交相胜’。”但愿姜先生的话能变成现实。

九、“乐”是圣学的本体

王阳明有一大贡献，大家不怎么提，就是他强调快乐的“乐”，说“乐”是圣学的根本，“乐”是圣学的本体。他反复说过：“常快乐是真功夫。”彰显了心学这一侧的是王艮的泰州学派，他们有个当时很有影响的《乐学歌》：

人心本自乐，自将私欲缚。
私欲一萌时，良知还自觉。
一觉便消除，人心依旧乐。
乐是乐此学，学是学此乐。

不乐不是学，不学不是乐。

乐便然后学，学便然后乐。

乐是学，学是乐。

於乎，天下之乐，何如此学，

天下之学，何如此乐。

“学是学此乐”，这个乐是良知安乐。“乐是乐此学”,这个学是心学。这可以成为今天快乐教育学的“经典”了！现代科学研究发现大脑中的快乐中枢是上各种瘾的根因。这从科学上辅证了把“乐”当作圣学本体是有人性依据的。西方，斯多葛派主张“高尚是至善”，伊壁鸠鲁派主张“快乐是至善”。王阳明呢？笼统地说，他以解放自然天性的快乐为起点，又以高尚至善为归墟。

王阳明考进士，六经里只选一经来考，王阳明是个诗人，好像应该选《诗经》，他不，他选《礼》，因为他认为礼和乐是这个世界的根本，礼就是“阴”，阴用来养，用来限制，乐就是“阳”，用来生发，用来宣唱，用来生长。乐是促进你发展的，礼是来给你规范的，这也是一阴一阳。前面说过，王阳明走到哪里都让学生歌诗，他掌权的地方的社学都大唱“红歌”——《伦常歌》。他名下的书院还有唱诗比赛，用那种“九声四气”的“阳明调”。

圣学的脉在“乐”

王阳明的弟子栾惠《悼阳明先生文》中用“风月为朋，山水成癖；点瑟回琴，歌咏其侧”来总结其师的一生。阳明的身心之学，洋溢着美感愉悦，什么“闲观物态皆生意，静悟天机入窅冥。道在险夷随地乐，心忘鱼鸟自流行”（《口诀》），还有“吾侪是处皆行乐，何必兰亭说旧游？”（《寻春》），等等，我们可以从中分解出山水之乐、义理之乐、万物一体之仁的良知之乐。根，就一个，在心。

《传习录》中有这样一段："问：乐是心之本体。不知遇大故于哀哭时，此乐还在否？先生曰：须是大哭一番方乐，不哭便不乐矣。虽哭，此心安处，即是乐也，本体未尝有动。"王阳明不认为哭与乐是对立的，乐是心之本体的乐，不是单纯生理上的快乐，而是心安。如果哭出来，情绪才能得到宣泄，心也才会重新得到安宁，那就哭出来。

今天纪念阳明，给他安七八个"家"。其实，他主要是教育家。阳明日常教学跟孔子一样，是典型的"谈心式"，没有教案更没有讲稿。而且是灵感式的，常常说"此意久不发"，必须气氛到了自然喷出来。

现在借奥古斯丁说音乐教育来辅助我们理解阳明的音乐教育思想：奥古斯丁不同于一般古典自由教育家看重音乐教育自由而美好。他看重音乐的用处：悦耳的音乐可以通过耳朵的愉悦在软弱的心灵中激发虔敬的情感。当他听到美妙的音乐，打动他的也经常是歌咏的音符，而非歌中咏唱的"事情"。 音符是符号，旋律是游戏。奥古斯丁说，符号游戏的意义就在于它是有用的教育，而它之所以有用，又在于它必然指向自身之外。阳明会接过话来说：所以啊，要让学生们大唱“伦常歌”啊！

林彪有名言，唱好一首歌，就是一堂生动的政治课。唱歌，意识形态与感性高度结合，通过畅情来立志，要说寓教于乐，唱歌是最好的方式。李叔同影响最大的是《送别》，几代人都被感动。还有小孩子喜欢看电视里的广告，跟动画片似的，它想改变的是一个感性的认识，广告不针对你的逻辑、理性之类，它针对的是潜意识。电影《无问西东》里，大雨、饥饿使孤儿们瑟瑟发抖，神父说:孩子们，咱们唱歌吧，唱歌可以赶走饥饿、寒冷和恐惧。小陈鹏的灵魂被歌声抚育。

突然瞎想：嵇康的“声无哀乐”是否从感觉上滋养了阳明“无善无恶心之体”的提出呢?

游山玩水

写阳明电视剧的时候有个基本设想：山水两条意象带贯穿全剧，作为阳明心灵的映现，凡是出山水时都要“做戏”。做什么戏呢？做他的内心戏。他的内心是很难展现的，只有虚化的意境可以透露一二。如果说讲学是事业的话，他最大的业余爱好就是游山玩水了。业余爱好最能刻画一个人的性格特征。张岱说人无嗜好不可交也，以其情不深也。阳明因为要游山玩水还跟家里闹矛盾。他的游山玩水是“远足”式的，不是李白杜甫那种“壮游”式的，因为他不需要找工作或打秋风。从他的诗赋里能看到他游了许多地方，基本上是以居住地为圆心来周游。每次辞职病休回家都以余姚为原点游四明山一带，在滁州则在岳阳楼前后溜达，并边游山玩水边讲学，学生的歌声响彻山涧。他到底上了几次九华山已经不太好考证，他自己承认了三四次。他从小跟着他爹住寺院，一个私塾先生可以免房租的地方。当官后，如果由他做主也是常住寺院。

他游山玩水，是隐逸心的发动，“逃乎山水之间”是中国文人的套版做法。李白那么天才，或者说越天才越只能“相看两不厌，唯有敬亭山”。庄子的逍遥游，是“无待”即不需要任何条件的漫游，那得练成入水不湿入火不热的真人以后，阳明还是肉身，只能在山水中寄托自己那说不出来的情思。

一颗期求甚高的心灵，不得不向大美无言的大自然中做类似“格竹子”的功课，格竹子酷似行为艺术，格山格水格晚霞晨曦，是把生活艺术化、把身心感觉思想化，山与水相约，心与梦相寻，山水成了最美教室、教具。他游山玩水不仅养肺养心，更养了他独具的直觉，终于“游南镇”，游出了个“岩中花树”。

良知是一种澄明的情欲

王阳明老引用孔子那句话："我未见好德如好色者也。"就是爱好美好的道德像爱好漂亮的异性一样。好色是本能，人就喜欢看好看的。卢森堡是个女的，她在监狱里看到一个十三四岁的小姑娘。她说："太美了，这才叫美。"男的看女的可能有情欲在里面，但卢森堡是个女的，看那个小女孩也美，这也是一种情欲。她也不是同性恋。西方评论家说高老头对他的女儿，是一种畸形的情欲，这个话说到根上了。生命的本质，生命意志的本质，都是欲望。修女的欲望是爱上帝胜过爱凡人。小阳明要学做圣人也是一种欲望，不稀罕只管一世的状元，稀罕能管好几世的圣人，这也是欲望。许多人修行希望成佛成圣都是欲望。这个欲望是精神对精神的稀罕，所以胜过对任何物质的稀罕的那种欲望。对物质的欲望是生理的，对精神的欲望是心理的。生理的所有的动物相似，心理的人和动物有区别，人和人也有区别。

就连良知也是一种澄明的情欲。

唱歌把欲望和情志一体化了。乐（yuè）也好，乐（lè）也好，就是把知情意贯通。20 世纪 80 年代，李泽厚说中国文化是乐感文化，推测王阳明也会赞同。我年轻的时候写文章批评这个说法，毕竟是年轻啊。围绕着乐感、悲感文化的论战，热气腾腾，1989 年后风流云散，雨打风吹去了。

理：把生活感觉化的“道”

孔子说朝闻道夕死可矣，是乐道的极致。孔颜乐处是最家常的箪食瓢饮。梁漱溟说孔子的学问就是在生活上做学问，生活以外的事情孔子没有说过。黑格尔感叹过，要是不把孔子的话翻译出来，我们把他想象得很伟大，结果看到他那几句陈腐的说教，真让人大失所望。梁漱溟说孔子因此而伟大，伟大得和大宗教流派的教主一样伟大。黑格尔却理解不了。其实王阳明在西方的学院派哲学家里也存在这种隔膜：不就那几句话嘛，还五百年来源头活水?

形而上者谓之道，形而下者谓之器，形而中者谓之心,心上通道下成器,“虽见诸根动,要以一机抽”(《楞严经》)。尤三姐说如果不从我心里过，这一辈子也白活了。从心里过、从心里长，就是这个“一机抽”。

基督教、伊斯兰教、佛教都是个人内心的皈依，把宗教要求内心化、生活方式化，越是一个人越依赖那个“教”，如果违背了就精神崩溃了。“教”因此成了内在的真正的精神支柱。一个外国电影，纳粹把一群人关在教堂里，不让人们出来，人们必须在里面大小便。一个基督徒死也不能，非出来大便，被纳粹开枪打死了。一个中国电影,大清朝官员押着一群穆斯林，太阳出来穆斯林做礼拜，开枪打死，没有死的继续做。儒教没有这些，儒教的“一机抽”在血缘人伦关系里训练感情，在人与人交往中训练心性。孔子就是讲这个礼，就是从心里过，譬如“恭而无礼则劳”，表演化的装出来的“恭敬”心理与生理是分家的，累啊。礼不是外在的规定性，礼者理也，为什么给父母守丧守三年，怀孕一年，生下来屎尿不辨一年，刚会爬走不好又一年，诸如此类的。他用这个自然的东西，提升成道德的东西。这就是各种“礼”。理学发掘礼中的“理”，心学发掘礼、理中的“心”。心即理的逻辑力量在于此。“心即理”，就是让心达到理的永恒性。王阳明的心学既要找到那个千年不变的东西，又要用这个千年不变的“道”来提高那个上午和下午不一样的情啊意啊啥的，还得是自愿，从心里长出来的那个日新日日新，这就是心学内在的结构。

知之者不如好之者，好之者不如乐之者，“乐”了就自然从心里长出来、就生理心理一体化了。孝顺是逆向的、心理的；爱孩子是生理的，动物的舐犊之情，虎毒不食子之类。人对宠物则是好之乐之，现在的人们要是拿出一半对宠物的态度来对待爹娘，他爹娘都会感动得脑溢血。微信公众号里有这样的标题：就像你盼着孩子回家一样，父母在等你回家。这种循环形成了中国轮回式的伦理习惯。爱小狗是一种乐趣，他和狗在一起的时候是一种游戏的状态，是一种美学的情怀。他拿狗去卖钱就是资本主义的，是盈利的。这个时候他也有乐趣，这个乐趣和纯粹爱狗的乐趣不一样，盈利和过瘾就是这么区分。

意义就像显影一样

意义就好像显影一样，没有显影粉出不来。有了显影粉，那个“像”（意义）就出来了。这个显影粉是体会。练武功就是后天找对先天了，越练越顺。后天找不对先天，练死也出不来。先天和后天的关系，就是影和显的关系，艺术就是用有限的表现无限的。画画，大千世界你能画完？弄个画框，就聚焦了。西方画讲究透视，画框有了以后，再往一个点上透视，树林就很有纵深感了。中国画是“游”，庄子美学有用就有用在这里了。它是游目，不是凝视，不是死看一个点。心与物游嘛，为啥叫“散点透视”，像《清明上河图》，用西方画法画，谁也画不了，现在有广角镜头也照不了《清明上河图》。用西方的画法根本画不完，但咱们就能画，咱们是“游”着走的，一截一截，一段一段，游着走。这里就能看出中国哲学与西方哲学的区别。有人跟我讨论西方的表演理论，说西方表演理论没有天人合一这一块。我说 :“中国的一张嘴就是天人合一。”从最早的《礼记》《乐记》等，一开始都是天人合一的。要想训练感觉啊，学表演是个不错的办法，是能打通自己和他者的最好的渠道，就是“他心通”，靠体验。民国戏楼里说梅兰芳等大牌明星就是妖精,往那儿一站就把全场拿住了。贾琏和贾宝玉的区别，就是贾宝玉“情不情”，跟花鸟树木说话，自己站在雨中却提醒别人躲雨，是格竹子、心中有花眼中有花一路的，有超越小我的体验。所以脂砚斋说“玉兄一生都是体贴功夫”，贾琏比贾宝玉缺体贴，所以他就冷酷一点，西门庆比贾琏又冷酷一点。冷酷的肉欲主义者，肉欲到了极端的时候就是冷酷了。欲望自身的克星是什么，就是欲望的过度。你看汉朝的皇上，尤其是到东汉这边，除了有名的那几个，其他都是二十几岁就死,三十都是高寿,都是欲望过度。最早看西方心理学，讲爱情和色情的区别是什么，就是感情的深浅。现在用喜欢不喜欢代替爱不爱，显然又往浅里走了。

扫地焚香

十、感性的良知

他大悟的格物致知，在他一生行事讲学中贯彻体现了出来。这就是突出感性的本体地位，他的心即理、知行合一，都从感性上说，都要求落实到感觉上。

柏拉图说美是难的，可以仿词：良心是难的。难在良心，良心就是感性的良知。西方的卢梭和阳明是一伙的，他在《爱弥儿》上卷中说良心主要是情感的，不是由智力而是由感情发展出来的，就是正义、仁慈也不是抽象的语词、抽象的概念。他在《爱弥儿》偏最后的地方说“良心是最善于替我们决疑解惑的”，“理性欺骗我们的时候太多了”，而“良心从来没有欺骗过我们，它是人类真正的向导”。

孔颜乐处

我都不知道我重复了多少遍了，心学是修炼感觉的学问：对感觉做反思，并生出新感觉，用尽一切感知的力量，层层剥开遮蔽本心的东西，直至发现良知，致知就是发现良知。格竹子的要义是用一切方式感受一切，岩中花树含义是要知道如何去发现美。罗丹说不是缺少美，而是缺少发现。阳明教你：心中有美，美便无处不在。儒学史上佳话孔颜乐处——就是这个路线：把生活本身思想化！梁漱溟说孔子十五而志于学，学什么我们不知道，三十而立，立什么我们也不知道，直到最后随心所欲的是什么，没有逾越的那个矩的标准我们也不知道。但是我们知道他做的是生活的学问。我模仿梁先生的句式:孔子和颜回乐的是什么，我们也不知道。但可以肯定的是:精神生活！孔子去世，原宪就隐居在荒郊野外。子贡出任卫国之相，随从的车马前呼后拥,分开高过人头的野草,进入僻陋的里巷，探望问候原宪。原宪整理好所穿戴的破旧衣帽会见子贡。子贡问："夫子难道病了吗？"原宪说："我听说过这样一句话：没有财产叫作贫，学习道义而不能实行才叫作病。像我这样，是贫，而不是病啊。"子贡觉得惭愧，脸红了。这是最漂亮的精神胜利法，有宗教感觉的精神胜利法！子贡的事功是孔子弟子中最高的，孔子被各军阀头子知晓也是靠子贡的推销，但是子贡在孔门的地位就是不算最高。因为，他太功利，后人把他推为策士即纵横家和商人之祖。

"风月为朋，山水成癖；点瑟回琴，歌咏其侧"的王阳明过的是"神仙"的日子，他以孔子"点瑟回琴"为模板，感受"存在的充实"：没有白活。这是他的孔颜乐处。他在讲学中获得了孔子在"子路、曾皙、冉有、公西华侍坐"章那样的"乐处"。领着学生游山玩水，随地指点良知。他常说"讲习性所乐"，他从贵州的龙冈书院开始直到死前都一直贯彻着他的教育方针："坐起咏歌俱实学。"这其中着力处在态度、内在感觉的培养。

良知是存在态的，孔颜乐处展现出了“感性的良知”的样态。良知不是教条，良知变成了教条就成了另一种以理杀人的“理”。存在态，说白了就是活法加态度。颜回本人也带徒弟，自成一小学派，因为只是内修，又死的早，没有留下多少让我们知道他怎么“乐”的细节，只有《论语》里的那几句话。他的活法是隐居，态度是“人不堪其忧，回也不改其乐”。因为，他能够守中庸的状态一个月不变化，孔子说自己不过守一个礼拜。这是儒门的功夫了，也有人说阳明的静坐、明心见性功夫是与佛禅不同的儒门功夫。在做功夫时乐，乐出功夫来，就真能得到“乐处”，也是“一生补处”。

常说的文化，最可见的就是一代人、一个族群人的态度。态度塑造形象。形象，日本人叫“姿”，咱们老百姓叫“样”，譬如我就不像个教授样。美人美在态，这个态是做派。再往细里说，譬如，孔子回答孝敬问题，说“色难”，因为骨子里的爱不爱必然体现在态度上。爱和不爱也在感性，爱就“温清定省”，关心起来无微不至。不爱，“乓”往那儿一放，吃吧喝吧。“骡马易养也”，牲口喂它草料，对老人，只管饭，没把他冻死饿死，这就和对待牲口是一样的。难在“色”，“色难”最简单的翻译就是态度，对老人态度是最关键的。你态度不好，说明你心不“在”。能干不能干是能力问题，想干不想干是个态度问题。态度其实是一个意识形态系统。

烈士的要素在态度，董存瑞区别于被机枪扫倒的战友就在于他是自己决定这样死的。所以我当年写知行合一时配上了北岛写遇罗克的诗：“我站在这里，代替另一个被杀害的人……”“文化大革命”有个“血统论”，所谓“老子英雄儿好汉，老子反动儿混蛋”，遇罗克就写了《出身论》，批判这种血统论。理论上没有难点，难在态度。顾准也是这样，后来有的人觉得他的学问很简单，但当时是拿命来做的——非如此不可，代价再大也“乐此不疲”。烈士牺牲时获得了最大也是最后的“存在的充实”。他满足了自己的良心。

文学式的真理

过去批判王阳明“心中无花眼中无花”时说：你没看过喜马拉雅山，喜马拉雅山就不存在了吗？日本诗人谷川雁从没到过天山，写关于天山的诗，让在天山脚下游走十六年的文学天才张承志感动得热泪盈眶。

那里是绝顶么，或是谷底
比全世界的歌更高……
并不像一根蜡烛的忍耐
还有比沉默更高的英雄么
如此说来，那山脉
乃是礼拜的情怀……

《天山》——谷川雁

群山起伏一绺地往上走，就好像人在磕长头朝圣一样。天山脚下世世辈辈的人或许也写不出这种情怀。

谷川雁靠什么？靠的是感觉，但是这感觉，它是大美学质量的。为啥说现在信息经济时代，王阳明的心学用上了呢，就是说我们全部的修为，我们学习也好，干什么也好，它的一个首要任务就是提高你的感觉的质量。要想提高感觉的质量，先要确立的第一个概念就是找到“心体”。我们只有心，我们只能感觉到我们的心。林黛玉说“我为了我的心”,贾宝玉说“你放心”,这个“心”还在“意”的档次上。不动心的“心”是那个心体，是决定那个意识心的“心”，是原心，心之源，是根，产生心的那个心，那叫心体。心体是一种功能，不是实体，就跟佛性是一样的，没有黄白蓝黑，没有斤两，没有形状。

感觉的质量从哪来？从思想来——用思想来感觉，用感觉来思想。谷川雁的思想就到了那儿了，写出的天山就不一样。思想从哪来，一个从体验来，一个从学习来。所谓从学习来就是从别人的经验来，你的经验、他的经验、某某的经验。我一张嘴貌似古今中外都能扯，然后很悲哀，不是我在说话，是话在说我。我引用尼采的时候，其实等于尼采使用了我。这就是福柯那个话语学说，不是人在说话，是话在说人，是人被话给说了。为啥话语是种权力？权力的本质是支配。我被尼采支配，我被福柯支配，我被王阳明支配，被上帝支配，被孔老二支配……诸如此类，这就是一个与他者的关系。但是，人不能脱离他者，脱离了他者，人腐朽得更快。徐皓峰写的那个《道士下山》，就写要是一个人在山上修，堕落得更快。不二法门还是得到城市里面来，修你的定力，烦恼即菩提。

从体验来，就是“证悟”了，谷川雁是从体验来的。学习来的是间接经验，体验来的是直接经验。提高科学水平主要靠学习，提高文学艺术水平主要靠体验。朱熹理学一系的心理结构排序是知、情、意。阳明心学一系则突出情的优先性：情、意、知。朱熹格物为先，阳明诚意为先，总爱说：只是一个真诚恻怛。格物研究的是“存在者”，已经存在了才成为对象，意义已经摆在那儿了，你去“格”去发现。阳明“研究”的是“存在”，必须到存在的“前头”去找，无对象，起点在“心”，于是有了“心外无物”“心外无理”“心外无事”。就像莎士比亚是“说不尽的”（歌德语），阳明的心也是说不尽的。咱们就说说心之最活跃的一种功能“情绪”吧。表现情绪是文学艺术的长项，电影一个镜头的质量是看“出没出”情绪，艺术是表达感情的，等等。因为关键是：情绪是“场”的打开，情绪打开了存在——文学式的真理的根因在这里。作《去妇叹》的阳明打开了一个政治失意者的存在，说“圣人之道吾性具足”的阳明打开了一个心学开创者的存在。

存在，包含认识，大于认识，主要是情、意、知的生成，譬如孩子的成长。认识的真，只是个判断对错问题，更多的时候不是个判断不判断，而是生长不生长。语言是存在的家园，因为语言是理解到的存在。海德格尔说“词语破碎处，无物存在”。语言的“原始”本是诗，诗凝聚又展现了语言的诗性。诗意的栖居才能感受存在的充实和圆满。诗，推广一点到文学，其语言的品质，具有语词的多义性、表达的隐喻性、意义的可增生性，具有改变“心向”最大的可能性。好多老革命回忆自己就是看了《钢铁是怎样炼成的》投身革命。《牛虻》这个三流小说，在我们这一代却有着一流的影响。改革开放初期，工人下班了不走，在车间里听技术员念刘宾雁的报告文学《人妖之间》。蒋介石在日本看到无论在电车里轮渡里无数的日本人,尤其是年轻人拿着一本《传习录》诚敬地看，然后静默地想。

文明的字义就是用语言照亮存在。伽达默尔论证真理就是从文学艺术的教化功能入手的。教化培养的机敏和共通感可以达到人文真理。诗，让你感悟生命的意义、存在的价值、此在得以生成。逻辑、概念之类相对于诗性的情感场来说是海边树。现在人工智能走的是非理性的、无对象的“学习”路径。

文学式的作用

汉代的时候儒学叫文学，“时，上方向文学”，说汉武帝那个时候正喜欢儒学。漫说儒学，迄今为止的哲学的“载体”就是文学，哲学号称是逻辑的，逻辑号称是理性的，其实理性产生于非理性，非理性是汪洋大海，理性犹如汪洋大海中的一条船。任何哲学体系都由一股根本情绪鼓荡而成。逻辑小于理性，理性小于非理性。逻辑是技术，推理技术，受理性态度的支配，只是文学海洋中的一条船。譬如，语言，数理逻辑想摆脱语言也无法彻底摆脱。分析哲学面对语言也莫衷一是。更别说古希腊的哲学主要在希腊戏剧，尤其是悲剧里，萨特、加缪的哲学成就主要在文学上。中国更是如此，《论语》是小说之祖，也是哲学经典。阳明心学的精义遍布于他的全部文字当中，我 1998 年写的阳明传的主体是解读他的诗文，就是《传习录》，也相当于 16 世纪的《论语》，除了中卷是书信，书卷气重一点，上下卷都是记录下来的口语。按说书信是文字，更精研深刻，阳明又是文章大家写信高手，西方人说写信能够形成一个人的语言风格，我独喜书信体小说，但是觉得《传习录》中卷就是不如上下卷味道大，有个出版社让我解读《传习录》做到中卷就搁浅了，没兴趣做下去了。现在想来，还是口语化的存在感强。佛经、《圣经》《可兰经》都是口授的。口说，感性，入心。《传习录》的作用也是文学化的，主要是移你的性情。好作品有个标准，就是能进入时间，进入过去、现在和将来。

《传习录》不同西方的哲学专著，也不同于理学家的论理学，它要求通过语言的场来“感悟”人生之最高意义。要你运用经验来体悟，同时还改变你的经验。它有着“唤醒”的魅力，而且是长时段唤醒的魅力。在今天这灵韵逐渐消失的时代依然有此魅力。它是美育，不是说教，是生成。同质化吞没了许多灵韵，阳明诗性的心学引领我们回到初心，唤醒我们重新出发、攀登。

鲁迅说中国人的世界观主要是由小说以及由小说改编的戏文形成的。别林斯基说一个民族的文学是一个民族感性的本能的世界观。中国人的世界观要是由诗文形成的那境界会高许多。诗歌与小说不一样。芥川龙之介以为中国人像李白、苏东坡似的，结果来到中国发现中国人看《金瓶梅》，像西门庆、陈敬济的人很多，像李白、苏东坡的人很少，几乎没有。幸好阳明心学是诗性的，尽管《传习录》之口语像小说，其骨子里的情愫是诗性的。心学的教育功能跟文学的教育功能是一样的：创建了认同感、建立了社群意识。现在的许多企业文化培训强化了心学培养忠诚和练习尊敬的那个方面。这也是运用其文学化的感染力，尤其是在重复练习的过程中强化这一点。这违背了文学的根本精神。文学鼓励诠释上的自由。

今天，如果心学能够成为构成我们本体的思维方式、表达方式，我们的诗性肯定能大幅提升，用良知来建功立业，我们也可以“诗意栖居”于现代社会。

心学当然也有文学化的弊病，就是难免不过度理想主义。好像良知一出，天下大同！这就是我说的心学的乌托邦气质。乌托邦尽管是令人尊敬的。

文学式真理的作用，就是能把个人经验升华成公共知识。

把个人的经验做成了公共知识！

康德用毕生之力研究：我们是如何获得知识的？当然离不开感觉、交流、推理。康德侧重推理，阳明侧重感觉，这是知识派与艺术派的区别，这里面没有高低贵贱的区别，两个人同样伟大。要用康德“何以可能？”的句式问阳明问题，主要是一个：阳明何以把他的个人经验做成了公共知识？

佛祖把自己证道成佛的个人经验是怎么变成公共知识的？是通过讲经说法，尽管他最后说自己说法四十九年无一法可说，还是留下了佛法。心学总体上没法和佛学比，无论是智慧总量上还是觉世救人的功能上，佛法都是顶级的，心学是小学又小众。要用佛学讲心学就把心学讲没了。当然，世间法与出世间法不宜生硬地对比，不过，心学与佛法是最相近的，在修炼上可以视为佛法的一个分支，心学炼成后上马杀贼，佛法炼成后也是坐下来继续念佛。阳明把心学从个人经验做成公共知识也是做功夫、讲学说法。

全人类的知识分个人经验与公共知识。个人经验是简单知识、独有知识。公共知识具有一致性、公允性，放之四海而皆准的客观性。阳明的功夫论都是个人化的念头功夫,但一旦找到良知啊,就成了判断善恶、是非、真伪的全民共享的公共知识。

阳明何以能够做成呢？简单地说是他的机敏发现获得了广泛共鸣。他发现了什么？一抽象还就是那三句半：心即理、知行合一、致良知！人接受需要手段，最大的手段在当时只能是办书院、广招门徒，这是在社会上推广的方法，灵不灵更取决于学说的原理通不通，在道不在道，达到“道说”了才能接受的人越来越多，信奉的人越来越多且深入。阳明心学在转换成公共知识方面的要着是找到了共享的通道：人人有良知，这是个绝对的点——抱怨自己缺这少那的也不会抱怨自己缺少良知。怎么找？通过返观克己达到“自知”“觉悟”。觉悟以后万物一体，打铁或者造原子弹都一样，通过提高你的“性”来和它的“性”一体化——这是阳明说的心外无理、无物的原理，是一厢情愿的反面。通过把自己的智能最大化来尽物性。这里面的关键是“自知”“觉悟”，当自知、觉悟大到与天地相似，自然便吾心便是宇宙，宇宙便是吾心了。毛泽东早年名文《心之力》就是这个理路。

单非君说得非常到位：阳明的底子是禅、顶子是儒。禅的方法是个人的，儒的价值观是公共的。所以，可以说阳明成功地用禅功做成了儒家的事，儒学是千年道统流传下来的公共知识。我在2016版《王阳明传》

的《画外音：那边会了，却来这边行履》仔细勾勒了这个“何以可能”的路径与方法。

把个人经验做成了公共知识的必经之路是“变化气质”。“居常无所见（jiàn），惟当利害，经变故，遭屈辱，平时愤怒者到此能不愤怒，忧惶失措者到此能不忧惶失措，始是能有得力处，亦便是用力处。天下事虽万变，吾所以应之不出乎喜怒哀乐四者。此为学之要，而为政亦在其中矣。”（《与王纯甫书》）利害当头、变故压顶、屈辱莫名，能不能过去愤怒现在不愤怒，过去忧惶失措现在不忧惶失措了？这才是“抓手”“入脚”“得力”处。阳明把所有问题变成“吾心”问题：事虽万变，我应之不出乎喜怒哀乐——拿平自己的情绪反应就是“为学之要”，也是“为政”之要。因为情绪打开的是“存在”。佛有十大名号，其一是“调御丈夫”，阳明是大师级心理医生。今天谁能把心学打造成现代心理医学，也算从一个侧面发展了心学。能看政治的病则为政治医学。教育学是积极的治“未病”的人格医学。扁鹊没有他爹和他哥医术高，但名气却大得多，因为他爹和他哥治“未病”，扁鹊治已病。阳明是已病未病一块儿治，而且随时提防着“因药发病”。而且呼吁再复杂的知识系统也要以良知为定海神针，不然可能会原子弹满天飞。

《中庸》强调“教”的重要性，阳明落实了这个重要性才“真三不朽”的。他的“立言”基于他的“立德”，又成为最大的“立德”，在中国思想史的前赴后继的传承中薪尽火传神不灭。这“德”和“言”比他那只管一世的剿匪平叛的“功”要永久得多，也伟大得多。但是，没有那个功，人们不信！因为有了事功，人们才惊叹：狗真能拿住耗子！因为他是圣雄人们才认他这个圣学即心学也。这也迎合当代人用实战智慧取代理论的“建模”惯性。

阳明的一生是感性良知的展现。良知是从我做起通乎人类的普世价值，能够将公共的正义与私人的完美结合起来，能够让私人经验与公共知识“利出一孔”。简易直接是心学得手的窍门。

不做空头批评家

《地雷战》等老抗战片都有一个细节：日寇吃了亏后，要来一句：中国人，良心的大大的坏了。阳明和学生在大街上走路，碰见两个妇女吵架，阳明驻足而听，学生说村妇吵架有啥好听的？阳明说她们在讲学，学生听见她们互骂对方没良心。学生问既然知道良心为啥还吵架呢？阳明说她们不肯把良心对自己用，是专门指责别人用的。感性良知是反思的，不是指责别人用的。

日本当年明锐地提醒国人，电视会培养出我们下一代的"指责性思维"来。现在互联网催发指责性思维更胜过电视。责人不责己从来是小人作风，现在成了全民习惯了。好像贬低别人的时候自己就高起来了。阳明把这种习性叫作"长傲逐非"。人日见自己不足才能天天进步。

我们这一代是写大批判稿长大的，一开始写学术文章还带着那种腔调。思维入骨子里了，难以更新。鲁迅发现上海左翼作家联盟里有了奴隶总管的派头，“以鸣鞭为唯一业绩”的时候非常愤怒，知道他们会从堡垒内部毁了堡垒。据党派给鲁迅的秘书冯雪峰回忆，当时鲁迅口授遗嘱的初稿是“孩子长大，倘无才能，可寻点小事情过活,万不可去做文学家或美术家”。没有“空头”二字。冯雪峰觉得这话太伤人了，建议鲁迅改一下，鲁迅思考片刻，改成了“莫做空头文学家或美术家”。也有说是冯雪峰自己直接加上去“空头”两个字。后来蔡元培给鲁迅写挽联，就写到“著述最谨严，非徒中国小说史；遗言尤沉痛，莫作空头文学家”。阳明和鲁迅都是绍兴人，都以大禹为中华民族的“脊梁”。大禹治水、阳明治心、鲁迅改造国民性，都是“脊梁”。

空谈误国，实干兴邦。顾炎武说明朝亡于王阳明的空谈心性。说中国的事情坏在“三王”手里，这三王是王弼、王安石、王阳明。王弼解《老子》开了“玄学”，王安石改革教育开了他的“荆公新学”，荆公新学没有成功，也没有亡国。顾炎武恨的是王阳明的个人经验变成了公共知识，单一个王阳明亡不了国，他的心学让天下人空谈心性才亡了国。明亡的责任是王阳明担负不起的，就好像圆明园不是我烧的一样。台湾官方当年禁毁鲁迅的著作，理由是鲁迅与“共匪”合流致使神州陆沉。毛主席也只是把鲁迅封为反文化“围剿”的鲁司令而已。鲁迅则认为文人无用，他说你看几篇小说打不跑孙传芳，几发炮弹打跑了孙传芳。任何单一因果的概括都是“极而言之”。

阳明是反对枯禅的，追求成功的。最好是“入尧舜之道”学为圣人，其次能够救民觉世，留下自己的作品。他与科场理学、空头儒学势不两立:“后世之学，琐屑支离，正所谓采摘汲引，其间亦宁无小补？然终非积本求原之学。句句是，字字合，然而终不可入尧舜之道也。”他要的是“积本求原”，不实地用功，不能辨别出毫厘之差中的千里之谬（《与王纯甫书》三）。“不能积诚反躬而徒腾口说”，只能成为口头革命派、空头思想家、空头批评家。

不幸的是王学后裔果然有“平生无一济安策，临危一死报君王”之空头忠君爱国者。这帮“烧干锅”的人一事无成，把自己烧焦了。这些人违背了返观、克己、自知、致良知之实地用功的方法。良知没有固定在某处，而是在不断的返观、克己、自知中。

做出来才叫知行合一

过去，现代人批评古代道德，外国人批评中国道德，都说：保护了弱者拖累了进化——既不公平也束缚了效率。把西方文化引进来的严复就吁请：若王阳明处置这当世乱局必不至于如此！今天吁请阳明，是他可以作为“实干兴邦”的标杆。清初大儒王夫之、顾炎武曾把他作为“空谈误国”的罪魁。其实，王阳明讲学、办讲会、搞结社，酝酿了“政党”的雏形。书院是朋党的“基地组织”。东林书院形成了“东林党”，复社搞“讲会”规模能够达到几万人，让康有为甚是羡慕。电视剧《白鹿原》陆子麟问白嘉轩：“这党是个啥玩意儿，咋这么厉害？”王阳明的书院和讲会是一种“组织起来”的方法。我觉得毛主席最重视组织起来，应该有阳明心学这个“种子”的熏习。

阳明能活到如今，因为他“做”出来了心学。心学这么大的影响，在于它能够有效地调动私人经验接受公共知识（圣学）。成功的窍要在于合了人性之道：尽心、尽性了！阳明这个能力就是良知变成了良能。善良与能力只有在良知的轨道上才是二而一一而二的，心学从个人经验出发达到了公共知识的程度，里面的道道在人同此心心同此理。为什么别人做不到呢？你看程朱理学的著作，把心性谈“穿”了，再说尧舜相传之“十六字心传”：“人心惟危，道心惟微；惟精惟一，允执厥中。”在《尚书·大禹谟》中就有了啊！为啥朱熹还浩叹：尧舜周公孔孟之道何尝一日行乎天壤之间！

所以，这个“做”出来，是标准，没有做出来就只能是梦，做出来才在天壤之间铺出来一条良知能成功的金光大道。

于此，也能显出知行合一的意义。

良知是完美概念，永恒完美的概念，然而这个概念的生命在感性，是个有体温的词儿。然而，良知也是个“无穷大”的概念。一旦无穷大，就有了不确定性。能够使良能变成本能的只有雷锋式的平凡而伟大的人了。

十一、王阳明与主流文化的关系

鲁迅说中国的主流文化就是拍马,侍奉主子的文化。他说的主要是官场之主流。在官场混的阳明也拍过，也会拍，但是他的主要精力没有用于拍马上。有人说他在官场混不如曾国藩，从而证明曾国藩比他高。他要会在官场混了就不是思想史上的话题,而是升官术的案例了。

现在，恢复传统文化，跨过了新文化运动和“文化大革命”运动，既不接着说，也不照着说了，是个全新的视野、全新的征程。阳明心学是要恢复的重镇，因为，阳明是“心实用主义”。这个心实用主义很高，比所有的歌儿都高。

先说生前

极权专制决定了只有皇上是下棋的，别人都是棋子。正德好像一个后现代的顽主，是个反体制分子，他把祖宗老例变着法儿颠覆，他也是一个突围者，只是把自己突成了一个笑话。譬如他梵语娴熟，这很天才了，但自封:大庆法王西天觉道圆明自在大定慧佛!就滑稽了。密宗和尚趁势要刻金印，刻上这十七八个字，没有百斤黄金制不成这个宝印啊。正德还要诏告百官——咱们搞一个盛大的加冕庆典。这是历代帝王都不敢做的事情。

王阳明草《谏迎佛疏》,很动感情地写了六千多字，用自己学佛的经验证明学佛是修自性，不在形式。劳民伤财太盛，对僧道赏赐太滥，等等。但是没有上奏。说明他不想像年轻时候那么“抗厉”了。这是也不拍马屁也不抗厉。比阳明稍早的一个思想家不肯出来做官，理由是宦官僧道两大祸害不除，出来也做不成什么正经事。这种风格叫狷介。

皇权做主场的主流文化，基本上是俗流，有时是浊流，阳明看得很清楚，对于这座围城，他巧妙地“离又不离，弃又不弃”，他不跟任何圈子“酱”到一起，也不和他们“犟”，自从阳明悟道后，就不是这个大病房里的人了。但还得借这个平台走一走。

再看阳明与几个大学士的关系。李东阳，对于阳明走上诗坛起过“陪跑”作用，对阳明是偏爱的，对阳明仕途也是个帮助者。阳明给他的长诗写的相当煽情、漂亮。但李有“伴食宰相”的外号，阳明后来与他渐行渐远渐无书。杨一清，阳明在吏部的顶头上司，阳明两见日本高僧了庵桂悟都是因了杨一清，成全了中日文化交流史上不可轻易看过的佳话。杨一清文武全才。阳明复出以后跳着提拔，虽然不是显耀岗位，但级别升起来，还是靠他，因为那个时候阳明也没啥功劳。但后来呼吁阳明入阁的时候与杨一清成了竞争关系。杨廷和，稳重执拗，与阳明不是一个“世界”

里的人。费宏，乡愿，阳明唯一一篇剑拔弩张的奏疏就是要弹劾他，力去之。这两个表面上都和阳明不错，但都是摁着晚年阳明的，不让阳明入阁当大学士。还有一个桂萼，小人，尖嘴猴腮的小人。把心学作为异端邪说榜示天下的主要推手。他们若是“主流”，那阳明只能反主流了。王琼，阳明的帮助者，正德的马屁精，也是“猴型人物”。王琼说最快乐的事情就是抱着孙子看阳明的信，派阳明去剿匪的就是他。阳明是熟谙官场规则的。他晚年在家赋闲六年，大礼议时学生问他，他一句也不回答。前不久，一个大型纪录片《中华礼仪》给王阳明一集，劈头就是大礼议——我说，你们弄反了，通过大礼议说中华礼仪好，是把丑闻当美谈了。

再说学界

当时学界主流是程朱理学的天下，阳明是“躲”着走的。一开始是不介入他们的圈子，后来公开为陆九渊叫屈鸣冤，于是才有了陆王学派。阳明不是章句之儒，他跟诸葛亮一样看不起“青春作赋，皓首穷经”的文人路数，他笔下有千言、胸中有百策。他对付学界也用谋略，大而言之独树一帜，小而言之，发现可塑之才自己留下，发觉培养不出来就给湛甘泉转过去。他学界真朋友只有一个湛甘泉。他俩有一比：阳明五十多岁死了，三不朽；甘泉活了九十多岁，官到极品，平安一生。让人选择当阳明还是当甘泉？回答会多种多样。我外甥问我：鲁迅胡适谁更高？我说，当然是鲁迅，但是我愿意你像胡适那样过一辈子。纯正的学界有不以阳明为然者，如罗钦顺，他们是纸上辨析，阳明是侠儒力行，阳明容易被经世致用派学者接受推崇，因为他建功立业了。阳明的学习方法也是力行做功夫，不止于语词探究。

阳明在学界的影响一是他的学说二是他的学生，推广他学说的主要是学生，他的学生横跨官场、学界的很多，他给几个学生写信时都说过：官场是粪坑泥淖不可轻易踏入，他对官场是厌恶的，他是个追求精神实质的人，是个找感觉的人，准确地说是在官场找不到啥好感觉的人。他的隐逸气从青年贯通到晚年，底牌就是如此。而他终于没有隐了去，实在是想实干一番事业，所以他不是枯禅的。他一生的历程，内需要超越自己的英雄心性，外需要超越做奴才的命运，这两条汇集成一个现实的选择：躲开官场这个漩涡。他出来工作的时间不长，又都是在外地，这便于他走出一条讲学创体系、平叛建事功的圣雄之路。

阳明的弟子分几个系列：

(1)类似颜回者:徐爱,拜师于山阴,编成《传习录》上。阳明与徐爱的交流最能展现阳明内圣的那个侧面，他死后阳明三次大哭——显示出阳明教与礼教的区别，可以说是“情教”(受阳明学影响的冯梦龙提出“情教”)。情深出圣雄，汤显祖说“智极成圣，情极成佛”。冀元亨，有行动的颜回，拜师于常德，平宁王后被冤为通宁王的罪犯入狱五年，出狱后五天死。阳明最后宁肯辞去爵位也要坚持为他平反昭雪，但在抓他的时候阳明一言不发。

（2）类似子贡者，在拜师前都已经当了官的：黄绾，在京师讲学，给老师拉官场人脉，最后推荐老师入朝入阁、抚养老师的亲生儿子正聪（亿）。席书，在贵州，请阳明主讲贵阳书院，推荐阳明出征思田。还有一个方献夫，他们拜师前就比阳明官大，最后都比阳明官大。山阴知府南大吉天天来跟阳明说自己每天处理政务的得失，忽然问：老师，我说了这么多，你怎么从来不表态啊？阳明说我表了态啊，你怎么知道得失的？南大吉说：良知。阳明说：我天天讲的不就是良知！南大吉笑谢而去。南大吉是山西人，最后成了“北方王门”的重镇。

（3）传播阳明学最力者：王艮，到处讲，讲出了一个泰州学派。王畿、钱德洪，阳明的“看家助教”，主持日常讲学活动，最后整理文稿、年谱。 钱德洪、王畿科考归来，阳明说：我好像开杂货铺子的，你们这奇货来了，百货可期矣。

还有另类的二豹：聂豹、魏廷豹，后者是医生，给阳明管理家中的一切。前者因《答聂文蔚书》而名满天下，是阳明死后，对着木牌牌磕头拜师的。

这帮学生是阳明的“典型环境”。官场、学界是他的生态环境。

有趣的张力与反讽

阳明是充满张力的，一生在主流与边缘之间。他要是个纯粹的学者型的思想家，他会远离主流的。他要建功立业,又不能没有权力。为啥本雅明是不可定义的，因为本雅明自甘边缘。阳明跟主流太近了会加大奴才的负担，太远了就只能做那“荒村野店二三素心人商量之事”的学问了，就真成了荒江野老。这种荒江野老也有成了人物的，如王阳明高度赞美的隋末的文中子王通。

王通就像日本那个吉田松阴，他就办了个松下村塾，培养了明治维新那帮干才，比如四十个明治维新的各方面的领袖人物，有二十七个都是他的学生，如伊藤博文。他崇拜阳明心学，提出“尊王攘夷”，最后被幕府杀害于狱中。与他同时期的福泽谕吉，提出“脱亚入欧”，写了《西洋事情》，办了《国事新报》，成了日本的国家启蒙教师，头像上了日币最大面额。日本人崇拜思想家，认为思想家对历史的影响最大。

那个文中子王通，在隋末杀来杀去的世界里，就“避地”，找了个小山村，他培养了房玄龄啊、杜如晦啊，唐朝首波宰相、部长一级的好多都是他的学生，文中子走成了孔老二“施于有政”的路子。孙中山屡起屡跌，就决心重建自己的学说，通过办黄埔，用自己的学说培养出人来，黄埔军校对中国近现代的影响和北大有一比。政需要人来干，人由学术来出，所以学术是政治之本。这是中国语文大国的一个价值链，是古代文史大家不变的追求。清朝高考辅导班之前的书院都秉持着这个“梦想”。阳明对文中子的评价远远高于韩愈那样的文人。

纯文人就难免露出滑稽相。李白觉得他作诗好就应该当宰相,那个官僚体制不这么觉得。李白文人参政,特别幼稚，永王麟号称勤王，其实是造反，需要找一个笔杆子，找李白，李白名气大，终于有一个团队用他了，他就投奔人家去了，刚一去，没半个月，走了没二百里路呢，就被中央军给打下去了。因为他跟唐玄宗有个人交情，要不按律当斩，说他是个文人，不大懂，就发配他，发配他去夜郎了。

师生链是门阀的大宗。汉代立经学博士，譬如我成了《春秋》的博士，你们都加入了国家团队。杀方孝孺时连学生也杀，广场上跪了三百多口人，最难得的是没有一个怪罪方孝孺的。蔡锷是梁启超的学生。鲁迅是章太炎的学生。鲁迅说太炎先生讲的《说文解字》早忘的不知道哪去了，太炎先生的有感而发记住不少。为什么？《说文解字》那个正文的东西是理性、知性。

老师现场说的那个，是感性的，跟在座人的共鸣性强。像辜鸿铭，这种非常拽的人，人们怀念他尽怀念那些即兴而说的东西。黄侃上课，50分钟的课30分钟骂白话文，“同学们，胡适他娘死了拍电报该怎么拍，文言文就特别简单，母丧速归，白话文就你妈妈死了你赶紧回来，得多花多少钱？”北大地位高，因为它是新文化运动的摇篮。大学是社会的灯塔，美国的哈佛，德国的汉堡，英国的剑桥、牛津，没有它们，不但他们的国家不可想象，人类历史都得换个样子。十大几年前我写了一篇《灯塔无光》，理所当然地被到处退稿，那时我还不知道使用互联网。

王阳明和主流文化的关系，就相当于念书人和教科书的关系。最丑不过中国教科书，既没有人情味也没有信息量，林语堂说了许多废话，有一句特别精彩：教科书不算书。民国时候的教科书又非今天的教科书可望其项背。任何时候的主流文化都可以用教科书来比方的。大概只有一个例外，就是宋朝。宋朝的主流文化是高精尖的，这是宋朝体制的特点。宋朝是唯一一个皇帝和士大夫共天下的，不是皇权自己统治，而是跟着士人一起。所以那个时候才有“先天下之忧而忧,后天下之乐而乐”。所以陈寅恪说宋朝是最好的，天水一朝，达到文化的鼎盛，说的就是这种气象。

如果在明朝也这样说，就显得滑稽。朱元璋继承元朝残暴压迫天下的治国方略，又大规模推行文字狱，把知识分子打压的只有“拍马”才能得功名富贵。王阳明运气好，前赶后错都出不来。他的学说，基本上没有纳入进“主流”，到了清朝，无论朝廷还是正统学者都攻击他。只有在晚明、晚清，乱世需要心学，大一统统治衰败的时候才被发现、推举。他的影响在民间，如同他的书院在民间一样。他是“地火”。活着,死后，他的存在都是一种反讽——皇帝都不把光景当光景好好过日子，他却要好好地过；“肉食者”罔顾天下，他以天下为己任。从他的徒孙李贽的影响和命运更能彰显心学在世的反讽风景。

十二、我心光明

王阳明要是去别的地方，他死不了那么快。去南赣剿匪的时候,那地方有瘴疠之气,加重了早有的肺病。他得吐血之疾的原因，有各种说法，格竹子、读古诗文、读朱熹的书，给伯爷王越修坟从马上摔下来，等等，反正他总是找空气好的地方栖居，也总是一遇情况就复发。古人关于雾霾的品种啊，比现在丰富，现在就一个霾，其实瘴、疠那多了。到了思田，瘴疠之气更胜南赣,不一定比贵州龙场好。他病得不成人样了。后来王阳明就一边请假一边往回走，当时的大学士看见请假奏疏，扣在那儿——留中不发。等他撤了以后，就按他擅离职守处置：皇上没叫你撤，你怎么撤了。最后，果然处以擅离职守罪，有功不赏，然后又将心学定为异端邪说，都察院榜示天下，而且宣布永不开禁。

嘉靖命也真长，得力于他炼丹，不上班，天天炼，炼出来个老不死，等他死了，隆庆皇帝登台，王阳明才回到“主流社会”。这期间，他的学生一直在为他抗辩申述。现代教育培养不出来这样的师生关系。

阳明之死

叙述解乏，咱们先来做细节还原：

阳明处理停当思田的事儿，给嘉靖写了情深词切的《乞恩暂容回籍就医养病疏》：在南赣剿匪时中了炎毒，咳嗽不止，后退伏林野，稍好，一遇炎热就大发作。这次本来带着医生来到广西，但医生早已不服水土，得病回老家了。我继续南下，炎毒更甚，遂遍体肿毒，咳嗽昼夜不止。出发前脚上就长疮走不了路，后来更吃不下饭，每天只喝几勺粥，稍多就呕吐。但是为了移卫设所，控制夷蛮，我被人背着扛着考察完地形，就用浑身是病的身体，硬是上下岩谷、穿越林野，确定下了改建城堡的方案，才敢提奏朝廷。身体却从此一蹶不振。被抬回南宁，就移卧于船上。实在等不见朝廷批准了，将从梧州到广州，在韶关一带等待皇帝的命令。这样做是大不得已，请皇帝怜悯我濒临垂危、不得已之至情，使我幸存余息，再鞠躬尽瘁。“臣不胜恳切哀求之至！”臣五年来天天都想一睹天颜！

他给皇帝上了奏疏之后，就慢慢地往老家走，他还想在韶关一带等待皇帝的命令，但他在南宁又添了水泻，日夜不停，致命的是肺病，他年轻时脸色就是绿的，思田之行，虽不费心却费力，关键是水土气候成了催命鬼（后人推测他可能是肺癌）。

他坐船沿水路往回绕。还是不断地回信，解答学生修炼心学的疑难，帮他们找那失之毫厘差之千里的微妙之处。如聂豹问怎样才算勿忘勿助？因为一着意便是助，一不着意便是忘。阳明先破后立。问：你忘是忘个什么，助是助个什么？然后说我这里只说个必有事焉，而不说勿忘勿助。若不去事上用功，只悬空守着一个勿忘勿助，只做得个沉守空寂，学成一个痴呆汉。事情来，便不知所措。这是最可怕的学术误人。用佛教的话说，助是倒在有边，忘是倒在无边，都是着相，着相就会着魔。阳明的“必有事”是要求透过事相见到本性，犹如禅宗说的“隔山见烟便知是火，隔墙见角便知是牛”。

“舟过临江”，他给儿子正宪写的家书中说：“吾平生讲学，只是‘致良知’三字。仁，人心也；良知之诚爱恻怛处，便是仁，无诚爱恻怛之心，亦无良知可致矣。汝于此处，宜加猛省。”看来心学就是没有奥秘，他跟谁都这样说话。

一路服侍他的学生周积说：老师慈悲接引，随机设教，培育人才，十方士众咸蒙教益。阳明与他深入地阐述了：“致良知便是择乎中庸的工夫，倏忽之间有过不及,即是不致良知。”关键看立心有差否,必须“正感正应”。有些意思只要晓得便了，不能张皇说出来。生铜开镜，乃是用私智凿出。心法之要，就是执中。而且讲得圆活周遍，到那耳顺处，才能触处洞然，周流无滞。不然则恐固执太早，未免有滞心。“以有滞之心而欲应无穷之变，能事皆当理乎？”功夫若不精明，就难免夹杂、支离，自己把自己搅糊涂。再好的意思一旦耽着，就僵化，就有病。如邵康节、陈献章耽于静观，卒成隐逸。向里之学，亦须资于外，这也是我终于没有隐逸的原因：耽于静观，落下一等。

他自感大限已到，坐船在漓江上航行，路过孤峰独秀的伏波山时，他勉力进伏波庙去朝拜了一番，因为他15岁时曾梦见过这位对付少数民族而立功的西汉马援将军，他觉得这预示着他必定得来这蛮荒之地平定变乱，以了结这段宿命故事（他和他的学生都是很信命的）。此时，他觉得眼前所见与40年前梦中所见一模一样：“四十年前梦里诗，此行天定岂人为。”“耻说兵戈定四夷。”不用杀伐建立起的权威才是真正的权威，上古的感化原则才令人向往呢。

路过广东增城时，他坚持到湛甘泉的老家去瞻仰了一番。“十年劳梦思,今来快心目。”想念了十来年了，终于了结一桩心事，还夸张性地表示想移家于此，在山南盖上房，“渴饮甘泉泉，饥餐菊坡菊”。甘泉的孩子们对父亲的朋友很恭敬、仆人对他也亲热，挽留他住下来，他因为有病，急着奔回老家，连住一夜都不能够，题诗在墙上《题泉翁壁》:“落落千百载，人生几知音！道通著行迹，期无负初心。”他和甘泉的“初心”就是大明圣学!

最后又在增城的六世祖王纲的庙里去祭祀了一场。王纲来平苗族的变乱死于此地，而朝廷待之甚薄，他儿子把他的尸体背回，发誓不再为皇家卖命。阳明哭述：我不是不遵祖命，我是看着老百姓太可怜啊。

他一来弱体难支，二来确实是在等待圣命下来。所以不管坐船也好，坐车也好，他都日行 50 里。多亏走到哪里，都有学生前来侍应。走到梅岭，他呼吸愈发困难，他对学生、广东布政使王大用说：“你知道孔明托付姜维的故事吧？”

王大用含泪点头，不敢深说细问，立即找木匠来做棺材，早已准备好了棺材板，只觉得不吉祥不敢做。他领着亲兵日夜护卫。棺材做好，皇命还没下来。

阳明硬撑着，坐上轿，踏上驿道。王大用、周积他们前后护拥着、扶持着，边走边歇地到了梅关城楼。走入这座小石头城，又慢慢地沿着驿道下来了。改乘舟船，沿章水而下。到了南安地面，有学生进船来给老师请安。阳明勉强坐起，已咳嗽成一团。阳明见所有的学生都突出一个主题：“近来进学如何？”现在依然还是这样问，两位门生简略回答，赶紧问老师道体如何？阳明苦笑着说：“病势危亟，所未死者，元气而已。”

阳明想起来思田过梅岭前给钱德洪、王畿写的信中还乐观地展望：“吾道之昌，其有火燃泉涌之机矣，喜幸当何如哉！”当时还想用不了多久就可以与他们见面了。如今，如今，他闭上眼睛，悲从中来，缓缓地说:“平生学问才见得数分，未能与吾党同志共成之，为可恨耳！”

周积泣不成声 :“老师，有何遗言？”

阳明微微一笑 :“此心光明，亦复何言？”

“此心光明，亦复何言？”

这是阳明留给世间最后一句话。

死是一种黑暗，是一种看不见的暗，这看不见黑暗的黑暗，是人最恐惧的未知。“此心光明，亦复何言”是他面对看不见黑暗的黑暗说给自己壮胆的。作为心学教主,临终遗言具有宣言性质,冒着过度诠释的风险，我们作关联性、转喻式阐释 :

我心光明就是心本光明，心学的心跟佛性是一样的。人人皆有佛性,人人皆可成佛,为啥没成？被物欲，被贪嗔痴遮盖住了。修行就是去蔽，去掉贪嗔痴这些外尘，外染。内心是净的，佛性是清净的，一净就虚了，一虚就与天地相似了。心学就是找回本心的功夫。

所谓“平生学问方才见得数分”，是王阳明的悲凉、无助、被动的感慨。人到了失能的时候，那种被动在西方哲学叫“绝对被动”。平常都是“相对被动”，当你没有办法，没有能力反抗的时候，那叫“绝对被动”。生老病死，老是走进被动，死的时候就是“绝对被动”，这时候你才会突然感觉到人啥都不是。什么万物的灵长，宇宙的精华，那都是人自己说自己，给自己脸上贴金的。在上帝和佛祖眼里，人就是众生之一。

“平生学问方才见得数分”这句话好像是谦虚，其实是实话，他的确是才证到几分。

说自己“平生学问方才见得数分”，是说这时知道该怎么学了，以前有些浪费了。他反思能力特别强，他后来说处理宁王，当时还有点“挥霍”。他最痛心的是本来应该做成圣的功夫，结果朝廷尽让他干这些“没要紧的事”去了。本来应该做大善知识，结果干杀人的勾当去了，他常常这样反思自己。顾宪成说王阳明的学问起脚于铁柱宫道士那，这话说得特别好。阳明心学跟学究们的儒学，不一样在他是真的性命之学，学究那个是概念之学，是知识文本。阳明是靠各种个人体验、证悟，阳明是思想家，不是学问家。

此心光明是一个心学的宣言，心学就是坚持心本光明，找回本心，别往外找，往回找。心体不蔽，临事不失。修行的人是在本体上做功夫，不修行的人是在外相上做功夫。王阳明说事上磨炼，不是多经历事，主要就是在心体上做功夫。他给学生回信时常说：动亦有事，静亦有事，无间乎动静。性是看不见的，看见的是相。若见诸相非相即见如来，我们面对的是相，是在相上流浪。必须超越相才能见性，性在哪里呢？就是《楞严经》上说的“性在作用”，只能在作用里反推这个性。真正的大家，像王阳明这种通了的，都在体上做功夫，在体上做虚的功夫，做静的功夫。王阳明一辈子没事就打坐，就是要静下来，只有静下来才能够虚，静下来劲就是整的，练武为啥站桩那么重要，就是站这个整劲，越虚了，劲越整。不能虚，就只能是局部劲，还是没有正经功夫上身。

无善无恶心之体，心体本身是啥也没有的。一知善一知恶，就是用了。良知也好，佛性也好，都是形容心体，都是虚静的通道。咱们开始的时候讲过，管子的《心术》是了解心学功夫很好的读物。讲怎么去虚，怎么去静，基本套路是老子那套。老子为啥是道家呢，道是空的，什么都没有。道因此是通道，都要从道上来。道往德那边走，走伦理那条路就是儒家。往虚静这边走，就是道家。往军事上走，就是兵法家。往管理上走，就是法家。道还是一个道，每个人都从不同角度，不同侧面用了它，把它引申过去。心学呢，就是回到道本身来。回到原点，重新出发。所谓不忘初心，也就是找回本心。初心本是佛教用语，叫最初一念之本心，李贽曾用这个来解证“童心”。阳明 50 岁的时候还夸自己“童心犹在”。今天的社会需要的是一个回到道本身的心学家王阳明，企业家需要的是一个找回本心、回到原点、重新出发的心学家王阳明。

另外，从“此心光明”的角度，才能更好理解不动心的原理和意义。为啥不动心这么重要，王阳明的朋友说阳明此去剿匪，必能成功，因为“触之不动矣”。一碰他，心不动了，这都是修行家的话。不动心最重要，但不动心这只能用佛教原理讲，儒学没那么细致。佛性的特点是寂照，寂而照，照而寂，就是佛性。不动心强调的是寂的一面，寂静不动，就回到性上来了，不在相上，但它同时还能照。寂的照才是真照，不是商人的算计，小聪明的奸诈，而是根上的东西。为啥说良知是本知是真知，也是指的是这个不动心的知。动心的知都属于着相的知，都是应物的。王阳明平宁王举兵前还去参拜文天祥的墓，还写诗，气定神闲。不动心了才合了道，才有了这个空劲，有了空劲，才能最贴近事物的本质。诸葛亮、吴用这种智慧型人物，都有一个共性：每临大事有静气。小角色，举斧头砍的，才毛毛糙糙的。只有不动心才能产生真正的觉悟，动心的觉都不是见性的觉，是见相的觉。

“此心光明，亦复何言。”最后一层意思是，我找到良知了，我没白活，值了。良知是性命的根，是内源性的光，是自己就能把自己的心灯点亮的，那个时候王阳明又回到了初心，回到内源性的光，也不再害怕那些看不见的黑暗，克服了对死亡的恐惧。这最后的遗言，是阳明对自己的一个交代，对徒弟和后人也是一种激励。同时，也有一种满足感，亦复何言？不用再说什么了。

对这个“亦复何言”瞎发挥几句：心之光明，假有生死,性不死。生本无生,所以,死即不死。事事因缘,死于因缘，所以，死也是假死。死是另一种生。生死是幻相,所以死不叫死。我说这些“诳语”是想说他“涅槃”了，心里发虚。说他精神不朽又太老套了。请大家莫做“有”“无”看,只要不做有无看,怎样都通。相,因有而有;性,因无而有。自性不可得,是故不可说——

亦复何言？

心中无感，山川无趣。阳明龙场悟道的机缘是用死看生，看到了不一样的意义世界。死前之眼能重估一切价值。超人尼采发疯前抱着挨打的马脖子痛哭："我的可怜的兄弟啊"——尼采有了万物一体之仁。阳明躺进石棺材时，想到如果活下来再也不能像以前那样活了。常人是社会调教出来的，名人是死神调教出来的。

阳明的一生，是从精明到光明的一生！

《楞严经》卷六："心迹圆明，悲欣交集。"

淘栖堂主人画

十三、心学的精髓在反精神奴役

必须承认，皇权专制在对付异端上超敏感的，它意识到了阳明心学含有“自由基”，对大明王朝不利。阳明不反皇权，他也有足够的专制脾气，但心学有让良知自由的逻辑力量。他毕竟是个大明官员，尽管是个不受朝廷待见的，但是他只敢说个“莫拘拘如囚”，气急了就是个辞职当隐士，也只能，以一个棋子儿的身份最后对着棋盘说：我心光明，你们继续玩你们那一套厚黑学吧。有点苏格拉底之死前：我去死，你们好好活吧的意思。——这当然也是戏剧化的解读法。也就是说，就他个人伦理情怀而言，他解放、自由不到哪里去。

若从伦理哲学角度，以及思想史上滚雪球乃至蝴蝶效应上说，通过回归本心释放出心的能量，让心力最大化，尤其是促进了民间思想解放的角度说，他是中国古代可怜的自由史中一朵奇葩。这个体制内的奴才（不典型）是个思想上的独行侠。他那一套可以让他意外地衍生出许多许多，总算在黑房间里打出一颗火星，他追求的那个解放自由与现代人的解放自由，出现了“接力赛”的传承性。

李贽与晚明浪漫洪流

心学追求的是解放！把人从拘拘如囚的内外枷锁中解放出来，心学成为明中叶以来思想解放的基地，不是谁能凭一己之力炒出来的。我当硕士的时候帮导师整理一篇文章，讲李贽《童心说》对明清文学的作用。我的导师是老先生不知道李泽厚是何方神圣，但他与李泽厚在《美的历程》中讲的大方向一致，可谓人同此心心同此理。周作人把五四新文化运动的源头找到公安三袁：独抒性灵，不拘格套！三袁都是李贽的粉丝。李泽厚说的浪漫洪流就是我导师说的“以情反理”，重头戏当然是《牡丹亭》《红楼梦》。还有冯梦龙的用“情教”代替礼教、整理出版《挂枝儿》等山歌。习近平说他熟读冯梦龙的《三言》，许多警句还能背下来。他在福建工作时去冯梦龙当过县令的寿宁县考察过。不知道习主席看过冯梦龙编撰的《寿宁县志》没有？那是志书类的典范，信息丰富。

李贽是泰州学派的后裔，泰州学派是阳明的嫡传。泰州学派在思想史上被称为左派王学。阳明活着的时候，左派王学的开创者王艮就上演过一场活报剧：王艮戴着古代的衣冠，在驴车上三面插着“阳明学光芒万丈”“人人皆可成尧舜”“百姓日用即是道”的招牌，一路讲阳明学到京城。反对阳明入阁的突然抓住了活典型：快看，王阳明就是这么个闹法。从而帮了反对阳明入阁人的大忙。为了占满名额赶紧让杨一清入了阁。王艮回到余姚，阳明拒绝见他，他长跪于路边。阳明路过也好像没有看见。终于有一天，王艮对阳明大呼：圣人不为已甚。阳明才把他拉起来。

阳明不反皇权，但是心学反奴役。嘉靖朝禁毁王学可谓火眼金睛，看透了这种学说的异端潜质。果然左派王学形成一股到了康熙、乾隆还在民间大有影响的“地火”。证据之一就是李卓吾的书到了乾隆四十二、四十三、四十四年的时候依然是重点查禁对象，依然年年能够从江浙等地几十套几十套的抄获，可见在民间的流通量。一套多卷多册，价格不菲，而且居然在查禁中销量如此可观。证据之二是顾炎武到了康熙朝还将明朝灭亡的原因归咎于王阳明，把李卓吾当作文妖、妖孽来痛诋。顾炎武倒不是为了大清朝，而是为了汉天下。

我年轻的时候用一年时间看了李贽那几套书，写了一篇几千字的文章《绞刑架下的性命之学》，解读李贽跟那个假人言假言做假事的假世界做斗争的理路和方法。葛兆光老师看了以后笑我："你太年轻了。"李贽完成了儒家精英之学向平民之学的转变。毛泽东说慧能是平民宗教家。阳明学也一直是旨在解放平民的，让人人皆可成圣人！但还是通过文学才能让思想全民化，所以说李贽是阳明最有出息的徒孙。除了思想本身的成就，还因为文学的影响就是大而深。

补叙王艮

一方面是不能数典忘祖，只说李贽不说王艮，更重要的是王艮体现了心学把生活思想化的特征。

这个泰州学派的开派宗师，本目不识丁，是个煮盐的灶丁，但阳明对他最为首肯。他们初次见面很有戏剧性。王艮穿着自己特制的衣服，吸引着围观的人群来到王阳明的宅邸，拿着"海滨生"的名片请把门的为他通报。把门的不理他，他高声诵诗："谁知日月加新力，不觉腔中浑是春。……归仁不惮三千里，立志惟希一等人。”阳明听见了，请他进来。他进来，拜亭下，见阳明及其左右，宛如梦过此情景，对阳明说：“昨来时，梦拜先生于此亭。”阳明说：“真人无梦。”王艮说：“孔子何由梦见周公？”阳明说：“此是他真处。”王艮心动。阳明特意走下门台来迎接他，问他：“戴的什么帽子？”艮答：“有虞氏的帽子。”问：“穿的什么衣服？”答：“老莱子衣服。”问：“学老莱子吗？”答：“是的。”阳明说：“只学穿他的衣服，怎么没学他像小孩子那样又哭又打滚？”艮猝然色动。过了几招之后，艮稍心折，移坐于阳明侧。接着论“格物致知”，艮叹服：“简易直截，吾不及也。吾人之学，饰情抗节，矫诸外；先生之学，精深极微，得之心者也。”下拜自称弟子。辞去。

明日入见，告诉阳明自己的悔意。阳明大为赞赏：“善。有疑便疑，可信便信，不为苟从，予所甚乐也。”然后，反复论难，最后艮大服，再下拜为弟子。阳明对旁边的学生说：“此真学圣人者。疑即疑，信即信，一毫不苟。诸君莫及也。”“前些时打宸濠，我的心一无所动，现在却为这个人动了。”

让阳明动心，是因为他的东西是从心里长出来的，他首先是个“生活者”，他真挚地生活于世俗世界，不是脱离了世俗才获生命的觉悟，是从自身的痛感中领悟到了心学是救命的。他要自出机杼，不重复别人的活法，把世俗的生活带入到思想的生活，他这种生活方式的心学更得阳明的“意”。因为心学本来就是生活方式的哲学：百姓日用即是道。

李贽坚持了这个出发点，又有文史哲的大学问，所以成了“浪漫洪流”开启者。李贽更显豁的名称是李卓吾，以字行，就好像王阳明比王守仁更广为人知一样。民国出来个李宗吾，自称厚黑学教主，这个李宗吾也许是李卓吾的最后一个崇拜者。其实李敖挺像李贽，但李敖太傲不肯承当。

鲁迅：我更无情的解剖自己

如果说，五四运动发轫于李贽公安派，那说鲁迅也深受王学影响也是可以的。鲁迅早年的《摩罗诗力说》一派“尊个性而张精神”的心力风采。几年前我的博士写了名为鲁迅感性美学的专著，我为他热情作序，序中没说，现在可以补叙：从王阳明凸显了感性的本体地位，到鲁迅这里终于凝结成了可以傲视西方理性美学的感性美学。——今后，会成为一个方向！

咱们还接着李卓吾这个话头说，鲁迅，在揭发假人言假言做假事的方面比李卓吾更上层楼，他说中国是瞒和骗的大泽。因为，鲁迅是个比李卓吾更绝望的觉悟者，更强调“韧性”的生活者。李卓吾是“于伦物上识真空”，鲁迅是“绝望的反抗”。都不相信现成的思想可以安身立命，都在“彷徨”“呐喊”，一生在论战中度过,都在撕开语词世界与生活世界的“裂口”。鲁迅很诚恳地说我常常无情地解剖别人，我更无情地解剖自己，他的推理模式都是从自己的切身经验出发，引发人们感同身受的认可，然后演绎推开（文学式的真理的表达方式）。譬如，总也不发工资，突然通知可以领到小角的钱，他赶紧去领，已经蒙受了损失，还是感恩戴德。于是鲁迅发现中国只有两个时代，一是坐稳了奴隶的时代，一是想坐稳奴隶而不得的时代(《灯下漫笔》)。

过去我说过，鲁迅是用自己的精神胜利解剖阿Q的精神胜利，鲁迅是精神胜利法的上线，阿Q是精神胜利法的下线，他的解剖自己是从自身看到了对象的真相，所以反戈一击最为致命。

心学是自己革自己的命的革命学，其工作原理就是像鲁迅这样，无情地解剖自己，返观自己的起心动念，并抓住这种感觉不拐弯，一直到解剖出“共相”。这个共相能让你我他都看到自己，这在美学中叫“共鸣”，从个人经验变成了公共知识，靠的就是这种“共通感”。这个共通感是共享经济的市场基础，有共通感就有市场，没有了共通感市场就塌了。心学可以“变”成任何学，当然包括经济学。良知共享是“共享经济”人性基础，开发这个比开发地皮高尚而轻松，因为这个不占位。

览花竹山水妙境

十四、因良知　得自由　以服务

天下校训满坑满谷，我独服燕京大学的:“因真理，得自由，以服务”——必须是循着真理的轨道得到的自由才是对人性、对人类（二者有差异，有时候还矛盾）正能量的自由,这个自由,既是意志的更是能力的。意志自由是非奴役、非邪恶、中正和平的。能力自由是可以运用专业知识、使用各种工具的掌握了必然性的自由，这样来为人类服务，才会让更多的人沿着真理获得自由，构成无限循环的良序。代代知识人以独立之意志、自由之思想去继续发现真理，让更多的人获得自由。当然不是无所顾忌的蛮由自。归于服务是不舍弃一切众生。有了独立之意志,才能有自由之思想,思想自由了才能找到真理，遵循真理。

说找到真理，会引起误解，好像真理在那躺着，等着人找似的，这是个大误会。所有的客观主义都在运用这一预设。没有一条河叫真理，埋在地下，谁发现了谁就有了。好像真理是“所”要找的东西，真理不是个呆物，它是个灵性的存在，是能所合一的，它永远属于“能”得真理的人，能得真理需要“心”能。说“因良知”是把权力交给“能”系统。

王阳明不会说：因良知得真理——因为他认为良知就是真理本身，把良知打回因果链条中，就又成了了“二”了。为了适应已经被科学实证洗了百年的脑筋，我们“权”说：

良知是真理，这个真理不是那种等待发现的科学真理,而是需要“发明”的心学真理。科学真理只能发现,不能发明。在科学领域,一个大发现引发无数发明创造,这是常识。去发现发明的还就是个“心”。什么样的“心”

才能有所发现有所发明有所创造呢？笼统的说是自由的有能力的心，还有阳明说过的“也须学过”——专业技能，这也毋庸啰唆。

干脆，这么说吧：良知真理是能发现能发明的那个“能”的真理，有了这个“能”，才有科学的真理那个“所”。良知只是“通道”——这么走才通的道。

心学真理不是现成的，是需要发明的，不然为啥从孔子一路下来，到了阳明才出来呢？阳明也不包揽任何人的心学真理，还得人人实地功夫，你修炼你“得”，我修炼我“得”，谁能“发明”或“被发明”了算谁的。为什么居里夫人能发现镭，我不能呢？因为她是科学家。为啥和她同时的科学家没有发现了呢？因为在发现镭的过程中，她的良知比他们大得多。爱因斯坦说居里夫人的德性更令他敬重，可以辅证我的话。良心发现跟发现镭不一样，良心发现是良心表现出来了，被良心发明了、得了自己的良知了——这不是瞎比方。

心学真理“发明”的大致路数是：①发明德，就是“明”明德，让你本有的明德发挥出光和热，这个明德不是有光而无热的虚词儿。在《答大学问》中，阳明说良知是明德之本体，大人、小人都有善根，这个善根就是良知、明德。把它“发用”起来，流通起来，“至善”那精神光明就被我们拥有了。②擦亮心镜。就是人人有良知，只是被私欲遮蔽了，启发，启发，把盖子掀起来，把被自己的六尘埋住的心镜露出来，这个心镜就是良知。心镜自明辨善恶是非。这叫“尽心，知性，知天”，通过尽心来尽性、知天：原子弹也能造出来了。放原子弹的人如果有良知也就是知道该往哪里放了。

发现我又退回到“道德”上来了。没有办法，“德者，得也”。从道那里得点东西，需要你有德。德不配位，是许多人栽跟头的原因。

而且，我现在只能算“权变”着说，我达不到“经”的水平。理有经有权。我的心“无能”，达不到“经说”的程度。当年，郭沫若说毛主席《在延安文艺座谈会上的讲话》有经有权，毛主席点头赞叹：颇得我心啊。

当然，仅仅从道德领域领会阳明学是一种可惜的褊狭。

良知教育是后天返先天的自然功法

武林中有一自然门，几乎是单传，没有少林、太极那么辉煌，它的风格是遇到太极就活拿，碰到少林就智取。自然功法，既不同于太极的柔，也不同于少林的刚，而又同时兼有它们的刚柔，练法完全是后天返先天，相当厉害，相当自然。打个比方，如果说佛老像太极的话，孟子陆九渊之儒像少林。阳明兼取二者又有新的“发明”：在后天的事上磨炼中时时与先天的良知接上“电”,不断地被电着,这个过程孟子叫“集义”,就是“义”的集聚积淀。永不休歇的这样下功夫，就有了“良心的智慧”。

郭沫若年轻的时候为了挣搬家费，写了一篇“王阳明论教育”。说了些啥，我早也记不得了。他是受了阳明真影响的，说“救命的影响”也不为过。他把阳明和《圣经》一块儿读，放弃了自杀念头，衰弱的神经因静坐而康复。他得大名的新诗，譬如《凤凰涅槃》闪烁着心学的光芒，什么“一切的一，一的一切”，等等。他后来成了唯物史观的大史学家，依然加了说明收《王阳明礼赞》入自己的文集。他的心受到了心学的“教育”，一片云影响了另一片云。这是教育的真相。当然郭沫若受到的“教育”太多了，尤其是时势的教育更有力量。他这个特点可以佐证西方的教育理念：世俗野心和荣誉，是教育的核心。

阳明的良知教育与此截然相反，是“乱云飞渡仍从容”型的。首先去“好名”之心，一个学生显摆他点拨了另一个学生，阳明说“汝病又发”，其次是力戒“骄傲”。与现在的教育是培养“骄傲的学校”相反，阳明以“长傲逐非”为首敌，多次强调“轻傲”是活埋自己的主要方法。阳明主要是个教育家，我过去在书里磨叽过不少。现在从良知教育的角度，还能说出啥新玩意儿呢？

用西方的东西来比照一下吧，譬如，基督教教育强调真正的“教师”只有基督才配当。他们是有神教，有个基督。中国是无神教，没有基督，但终极要求是一样的，必须接受“上天的声音”，阳明当然是良知万能论，只有良知来当这个“教师”了。什么“千圣皆过影”，只有“良知乃吾师”。良知怎么当这个老师呢？其实就是要求“心入心”。

这里我郑重把我佛学师父永修法师的法语隆重推出，这是永修师父听了我在“王阳明心学公众号”上的直播之后，特意写的。

赠心学朋友——如何入心

无善无恶心之体，有善有恶意之动，知善知恶是良知，为善去恶是格物。

一个圆圈，两个半月，两月非一，去界显体。

高深的道理，会变成官话，深入的探讨，所显的是对错。对错不等于道理，就像甜不等于糖。推论的结点是对与错，也是必然的产物。这结点的前面还是有些东西的。过程，过程来于自省。所以，道理之后，是延续的自省过程，结点的对错，是可以改进的，不是对的就放着,错的就不可翻身,将注意力离开道理了。

我们提到的，都是结果，而没有深思问题源头在何处。没有将结果放在自身上正逆推演。这样，所做的努力很大,效果不明显。高深的都讲“悟”,不是“论”。悟是自省，是道理或结点的推演过程，是吾与心的面对面，是自我的对话。如果没有障碍，就是开悟（而这仅仅是个开始。一种认知，一种世界，不能显现世界的认知，也只是门外物。如何显现以后谈及）。这个“悟”，就玄又玄，将人关在门外。

通过自省，发现自身悖点，再继续自省。不是以对错为目的，重点在于，结点之前是何由。这便是入心之法。入了这个法，自省的过程必然会发现问题而懂得思考，而后表现出清净，无物，祥和。从1数到100,咱们数到59停下了,不是错,但对的只是59以前。切不要在结点上用功了（这悟后如何用？不要急，这是在修行，还是一步步打实基础）。

说实话，师父的话，我不能全懂，仅就我能懂的部分略作解释。“去界显体”是个纲，也很玄，体是心体，界是障碍，各种障碍，观念的、有形的都可以是，明心见性的功夫就是去界显体的过程。“过程，过程来于自省”。没有自省就没有过程。自省是“去界”的方法，是“入心”的阶梯。所谓念头功夫不是“无念”，阳明一再说人不可能无念，所以“自省”尤为致命。自省，就是阳明天天要强调的“克己审察”。不是纵己，一定是克己，纵己是一种自我否决。纵容自己，是顺，所有的修行都是“逆觉”，不逆的觉，都是重复，重复即“软埋”。

自省是自己擦亮自己心镜。《庄子》说："至人之用心若镜，不将不迎，应而不藏，故能胜物而不伤。"神秀也举个时时勤拂拭的明镜。再往耳熟能详处说，则有：曾参的"吾日三省吾身"，即检查自己"为人谋而不忠乎？与朋友交而不信乎？传不习乎？"（《论语·学而》）荀子则把"自省"和学习结合起来，作为实现知行统一的一个环节。他说："君子博学而日参省乎已，则知明而行无过矣。"（《荀子·劝学》）

源头还是在心，通过自我意识来省察自己的意识，念头起处即返观内照，古人有放红豆黑豆来记念头功过的"功过格"，现代人绝无可能如此刻苦了，能够提住心，时时克己审察就是学为圣人了。现代心理学认为：自省不仅是一种优良的品德，更是一种使人走向幸福的能力。通过自我评价、自我反省、自我调控来完成自我教育。永修师父在别处说过：提起一个善念是给自己一个机会。通过自省，积极的、愉快的、建设性的，往好的一面引导自己的思想言行，形成能够以世界观世界的内在的世界观。而自省能力差的人自我价值感很低、不知道自己的人生目标、没有能力审查自己日常的感觉、还会时常担心亲近的人不喜欢自己、怕独处、越这样越容易有虚无感、觉得没有真正活着、经常为一些小事不安。

“过程来于自省，悟是自省，是道理或结点的推演过程，是吾与心的面对面，是自我的对话。”这是在说“悟”也是在说“自省”。玄而又玄的悟，其实就是自省。吾与心的面对面是良知之慎独，自我的对话是自省的工作方式。最有名的例子譬如《钢铁是怎样炼成的》中保尔捧着自己的头，像个铁面无私的法官对自己逐年加以审判，最后悟出来的结果就是那很有名的“人的一生应该这样度过”。

“通过自省，发现自身悖点，再继续自省。不是以对错为目的，重点在于，结点之前是何由。这便是入心之法。”“悖点”是悖论的结点，悖论是自相矛盾的等价式。心力有了“二争力”，这是长进的时刻，继续自行省察、自我反省。一追究对错便会堕入伦理怪圈，所以，不要纠结于此，要继续往根上找，找结点的前因（菩萨畏因），是心头的哪个瞬间跑了偏、打了滑、出了岔。在《瑜伽师地论》中这叫："随伺察行"。

"悟"了以后，就成了一个"内在人"，就有了高质量的精神和灵魂。心体发出的光，是照亮"内在人"的光，才是真的光。与这觉悟之光相比，别的教育只是灯，或者烛火。奥古斯丁在《论教师》中说：没有内在人，我们就不可能"在内在的意义上是真理的学生"。称"内在人"为"理性灵魂的隐秘部分"，是在"心智的内室"，或"在心智的圣庙心灵的寝室中"。从低到高的上升意味着从外在的人迈向内在的人，而内在的就是高的。

让我们记住师父的话："切不要在结点上用功了。"往心里面的前头不停找，心前头有精，精前头有性，性前头有明，明前头有觉（见《楞严经》）。

良知：让我们能够看见真理的真理

能看见真理的真理，西方人比喻为光的真理。最初将“光照”与真理联系在一起的应该是柏拉图。在著名的“第七封信”中，柏拉图告诫人们，不要轻信那些宣称教授所谓柏拉图学说的哲学书，因为哲学与其他“学问”不同，他从来不是可以言说的，而是来自围绕事情本身（求知的人）进行的许多交往，然后突然间，它就像火花溅起的光，闪现在灵魂中，靠它自己来教养自己。奥古斯丁的教育思想也是重视“内在的真理之光”“靠它自己来教养自己”，据说，奥古斯丁每天祈祷时都祷念：“理智之光的父，我们的唤醒和光照的父。”中国是无神教国家，这个“光”，只能靠人，靠圣人，靠大人，阳明说，归根到底就得靠自己的良心。他常说：“圣人只是顺乎良知之发用流行。”将超越的理想性原则转化为内在的理想性原则。

前些时，曾有嘲笑内在性的声音。其实，内在性是个很高的标准。“对话”就是“思”,思的事情是“灵魂内自己与自己的无声对话”。

这样得到自由，不可能是政治自由、经济自由，只能得到内心的心灵自由。但是这个心灵自由，可以成为看见真理的真理之光，可以唤醒政治自由、经济自由，如果说过去还需要面临“良知和体制的矛盾”，还需要付出流血牺牲的代价，到了信息文明的今天可以直接为共享经济服务了。共享经济上合大同之道，下合心连心、钱生钱之律。

因良知得自由以服务，因此，尽心尽性知天才不再是“纸人纸马”，可以变成“现实运动”(马克思)。后面可能会从“意义”的角度专门聊一聊这里面的可能性。

十五、功夫是一门哲学艺术

心学继承了天人合一的精魂，天人合一不是一个知识论问题，有人从知识论角度攻击它不真，没有扎到穴位。人在做天在看，不是知识不知识的事情，天人合一变成了知识论的名词哲学后就成了标准答案教育。阳明努力将它变成了动词哲学。名词哲学与动词哲学，一抽象一样，一还原，差异明显。天，是先天；人，是后天。合一，是后天返了先天，这不做功夫，永远是“纸人纸马”。心学区别于汉学、理学的关键在“做功夫”。功夫都是超语言的，最简单地说：心学训练可以用格竹子、不动心两层功夫来概括。格竹子是我和你一样化，“转出去”。不动心是我能够“返观”、自觉自己的意识，心还在自家腔子里，不能随物转了，“转回来”。这貌似矛盾，其实是功夫上的基本要求，叫“二争劲”，酸词叫张力。这个张力越大整体劲越大。我们要想训练我们的感觉啊，就要找这种“来回转”出来的贯通的能量。

王阳明在挫伤、磨难和侮辱面前还依然坚持他的本性，拒绝恶意，坚持他学为圣人的初心，受忠泰之折辱时反而激发出“致良知”的宗旨，这是圣雄人格。但是王阳明又跟传统的圣人标准不一样，那个标准是一个摆设，君子就是一个艺术品，放在那里看着，完整又光鲜。熊猫当然是“活化石”什么的，但还是太无能了，数量越来越少，少了才成了宝了。君子也是这样，就因为什么都不做，跟无所不用其极、为达目的不择手段的汹汹小人相比，君子就跟国宝似的。君子斗不过小人，就是指的君子在操作层面像熊猫。小人是什么法子都能使出来的，君子中庸，小人无忌惮，什么都不在乎，而中庸是不说过头话的。

说清楚阳明的感觉才算逼近了他的“本体”。感觉和语言概念不在一个世界，我们用语言概念来说他的感觉，是不自量力的，我们连自己的感觉都说不清楚，还想说清楚一个比我们伟大且复杂的历史人物？我们只能拿出阳明格竹子的精神来“格一格”，格不动了，就拉倒，反正不能像他那样病倒。

艺术是自由发挥的技巧

王阳明之所以是王阳明，因为他的感觉和别人不同。黄宗羲对祖师爷说过一句不甚恭敬的话：“王文成可谓善变者也。”的确，他英才天纵，跨行兼修儒、释、道、兵法、文学、书法、骑射等，想起一出是一出地换着样儿“舞弄”、实验着不同人生路径，可谓“蛟龙变化，不可训狎”。他若真正深入掌握了养生术，至少也不会50多岁就留下“所学才见到几分”的憾恨而骤返道山。

当然也可以说，如果不修炼，他也许来不及建功立业就撒手人寰。他的学生胡松说得好："夫道一而已，通则皆通，塞则皆塞。"阳明在修养生功、喜仙道时正好"塞"着，不然，中国只会多一个名道，而少了一个影响历史的大儒。

其实，王阳明是摸着石头过河，在"高考"挫伤之中，他看清了科举就是那么回事，于是他把目光就转向了兵学，兵学实用，给人力量。原典的儒学是崇高的，但科举的儒学，把儒学就做成了高考文学指南什么的了，不能武装人的头脑，也不能激励人的情怀了。但是王阳明的八股文写的酣畅淋漓，跟那种中规中矩的八股文截然相反，后来他一生写文章都那样，有股气在那顶着。作为笑柄的八股文一点真味道也没有，没有多少真情实感，尤难见真才实学，按照那个格式一步步地塞，如文题是"拿破仑"，有这样的破题：仑难拿，破仑尤难拿。王阳明论不偏不倚的那一篇，用"勇"贯穿全文，没有担当，哪来中庸？

阳明的“变”其实是换着样自由发挥。阳明的感觉基本是艺术家的感觉。艺术最根上的道道就是自由发挥的技巧。

功夫是意术

心学，修炼的是对人和世界的知觉的改变，心学家过的是哲学的生活，与宗教所要求的信仰的体验不同，也与不走心的凡俗生活方式不同，而是一种精神性的修炼——自我在世界中的实现！把生活提升成思想，一般的人因为不能反思，所以生活就是活着，只有临死的那一刹那有了反思的“能力”。常说哲学是学习死亡，就是把那最后的反思变成家常，把每一天当最后一天就是个方法。

心学的精妙智慧在训练感觉，它不仅时时处处训练感觉，并且训练的是能感觉的感觉。理学家们，周敦颐也好、二程也好、朱熹也好，他们把心学的基本概念都说完了，基本上是靠知性，然后三传两传就失去感觉了。而心学智慧是始终不离你本心，王阳明为什么能破土而出呢？因为他强调的是感觉，他让你去找你自己的本心的智慧。王阳明那么大的影响力，在于他有一套训练感觉的方法，当时叫作功夫：克念、审查、狠斗私字一闪念，还有那种呼吸、入静等功夫都纳进心学里来了。

心学里训练感觉的功夫叫念头功夫、心地法门。心地就是心性，就是佛教讲的这个人的本质。为善去恶是心地法门，知善知恶是念头功夫。念头功夫非常微妙，不怕念起，只怕觉迟，念头一起怎么去控制它。比如，他一个学生眼疼，忧心忡忡的样子，王阳明对他说，这个时候正是你做功夫的好时候，你不能贵目贱心。眼一疼，就万念俱灰，这样就废了，为什么这是做功夫的好时候呢？是磨炼来了，事上磨是一呼一吸，不一定是泰山压顶那种事，包括眼疼这种事也是。不能贵目贱心，要以心为贵，眼为贱，眼疼不要跟着眼疼走，被眼疼牵着走，等于把心放了出去，就找不到自己本心了，而心学就是找本心的功夫。王阳明心学以身体的感觉为中心，它又有灵修一面。他一开始教学生，静坐。他在衙门不办公的时候，就打坐，主一提住心。他这个灵性，是根本直觉，是感觉的感觉，不能从语言上来，也不能从书本上来，只能从心性里边修出来。

心不能跟着外物走，但是心呢，还要跟外物一元化。有名的是王阳明的格竹子，他就把自己跟竹子放在平等的地位,像朋友似的将心比心,像庄周梦蝶一样，庄周是蝶，蝶是庄周。格竹子也是训练心物一元，和对象一体化，你不再有主客二分，自己从意念上，就把我给消融了，跟物融合在一起。这和后来的“你看此花，此花一时明白起来”都是训练感觉，提升智慧的功夫。

如何学心学，就像学如何作诗，如何写书法，如何唱歌都差不多，都得“实操”。心学基本元素是艺术化的，别人问他心学是什么，王阳明就老拿他练字做典型例子。他说自己一开始写字的时候，老模仿人家，后来拿起笔来，不急着写，心里先想，心里有了这个字以后，再开始写。李叔同，他写字也是这样，拿起笔来，且不写呢，等，慢慢找感觉，这都是艺术化的。

大家都知道黄宗羲，黄宗羲直接的老师叫刘宗周，刘宗周把心学浓缩为两字“慎独”，一个人的时候，过滤掉所有思虑，在静中求觉悟，求灵觉。慎独是练心的基本功，是知行合一的根。梁漱溟有体会地说：“独知只是自知，旁人进不去，自己拿不出来。”刘宗周自己忏悔，他知道锦衣卫要来抓他的时候，马蹄踏着石板路，踏踏响的时候，他说自己心跳突然加快了，他觉得自己做了一辈子功夫，等考验来的时候，还是心多跳了几下，他忏悔自己功夫不到。良知即是独知时，慎独是一个人面对自己本质的时候，是赤身裸体，面对上帝，这个时候，所有程式的计算和撒谎，都没有了，那个时候才是训练诚意，训练真正的知行合一的时候。

心学是一个宗教级别的哲学，它不是一个表浅的伦理学。王阳明这种思想家，他的生活就是他的思想，他的思想风格就是他的生命风格，他的生活和思想是一体的。心学的根本点，就是把生活思想化，把生活感觉化。我的《王阳明传》就是在写他的生活，他的感觉，从中体会心学的奥秘。心学是艺术内化的过程，没有别的巧妙的东西，要真诚。现在很多人用传销的手段讲王阳明，把心学架空了，走外延的路了，并没有走到心学里边去。心学，是很难像做广告似的把它做出来，没有一门哲学可以广告化，广告化的哲学大多就不再是哲学了。

心学的一个特点是，把所有问题变成一个问题，把所有问题都变成心的问题。把心抓住，就可应对任何问题。你要杀猪就杀猪，你要放羊就放羊，你要打仗就打仗，你要写书法就写书法。王阳明最赞赏的学生王艮,创的那个泰州学派,把心学这个特点高举起来，叫百姓日用即为道。日常即心学。要分开了，割裂了，就学不到心学了。心学是把良知融入日常生活，这也是知行合一。

心学是教育学，我们教育条件这么好，我们的教育背离了教育的根，就成了无土栽培的大棚作物。根是让孩子自己成长起来，而不是架空飞翔。走向成功的一个要害是，在挫伤面前阳刚起来。王阳明本人就是在巨大的挫伤面前，悟了道。挨了四十大板，发配到绝地，在那个时候，他看见了，只有自己这颗心，别的都没有了，这时候他发现“圣人之道，吾性具足”。到绝地绝境了，他还保持着成圣的理想，这叫不忘初心。同时，心量要大。心量不大就做不了事，胆量不大就不敢做事，这量，也要从功夫当中来。

可怜的抽象

要把心学的基本特点概括几条，可以是：

（1）超语言的、非思辨的精神训练体系。超语言还得用语言，但绝非语言能够穷尽其意指；阳明教学也思辨，但不是思辨能够解决问题的，它不是经院哲学,不做“天使的舌头”那种学问;它只是“对症下药”,阳明接应学生第一个环节是“试举看”，让你主述你的问题。阳明经常同病异治,问题一样,他的回答不一样，因为学生的情况不一样。也经常异病同治，来问的人各说一通，阳明的回答却相同，因为他们的病根是一样的。方法是主体性的最内在的运动，不走空疏的范畴辨析与变换之路。这套精神修炼，包括立志、择善、勤学、反思、悔悟，等等，总之是内部反思。单搞外部反思就是“门外汉”。

（2）从内心化成外在行动（知行合一）,内在超越，不能自足自满，只能自勉，而“内在人”绝不是终点，才是起点。内在人是内功具备了，怎么证明呢？必须事上验，不能自封国王。心学家不怕事，有种不遇盘根安别利器的迎难而上的“虎山行”的派头。心学书院是硬骨头训练基地。黄宗羲在《余姚县重修儒学记》

中骄傲地宣称：阳明先生，以心学救天下，指示作圣之路，“马医夏畦，皆可反身认取；步趋唯诺，无非大和真觉。圣人去人不远……至谓千五百年之间，天地亦是架漏过时，人心亦是牵补度日，是人皆不可为尧舜矣。非阳明亦孰雪此冤哉！……今之学脉不绝，衣被天下者，皆吾姚江学校之功也。是以三百年来，凡国家大节目，必吾姚江学校之人，出而槽定……故姚江学校之盛衰，关系天下之盛衰也”。黄宗羲用“姚江学案”指称阳明学，因为姚江是余姚的母亲河。

（3）思想是非常多样化的运作，要向他者开放——意之所着便是物。心学对物性的尊重像浪漫诗人的万物有灵的情怀，说心外无物不是否认物的存在，是说它非常存在、是从我心长出来的一样存在。思想是多样化运动是指心学讲的道理就像美学中的“美”是一个“未完成”，心意知物还有看不见却起大作用的“时”，都是不确定的。因此，不能封闭，一封闭就自断慧命了。

说了半天都是空的，非常惭愧。但天不灭曹，山东尼山书院已经开讲心学实修功夫的张恒智贤弟突然驾到，听他的实修课程，我欣慰地笑了，心学功夫犹有一线灯传啊！他是“北方王门”张后觉的十四代嫡孙，家里保有着张后觉当年的讲会笔记，恒智贤弟十八年如一日，孜孜矻矻地从《传习录》等文献中撮录出“心学实修功法六十讲”，真是填补空白了。据我所知，这是任何一个学院派牛人也做不到的。我开篇说道：必须做功夫才能入心学堂奥。心学实修能够推广起来，则阳明心学可以传下去了！

十六、众妙之门

心是门，阳明在门里修行，到门外觉世济众，这也算一心开二门："那边会了，却来这边行履。"方东美早就说过：儒释道合一到阳明这里才真正"有机主义"起来，在先前的思想家那里是最终结论，到了阳明这里才是"出发点"："身、心、意、知与物形成了一个多重的不可分割的图景。"（《中国哲学之精神及其发展》）这是真正的专家洞见。不得不掉一下书袋了，这个有机主义的最简约的表述是：

"夫在物为理，处物为义，在性为善，因所指而异其名，实皆吾之心也。心外无物，心外无事，心外无理，心外无义，心外无善。吾心之处事物，纯乎理而无人伪之杂，谓之善，非在事物有定所之可求也。处物为义，是吾心之得其宜也，义非在外可袭而取也。格者，格此也；致者，致此也。必曰事事物物上求个至善，是离而二之也。伊川所云‘才用彼即晓此’，是犹谓之二。性无彼此，理无彼此，善无彼此也。”（阳明《与王纯甫书》）

心除了以“感应之是非”为其基本内容外，并无其他内容，与佛禅“作用见性”“性在作用”相类似。这个心门是空灵的，一着物便成了“放心”、放飞了的风筝。这个门的功能是“知”，两个字是“觉知”，三个字是“觉知性”。儒家强调“行己有耻”的行己就是立身行事时时处处带着这种觉知性。唐朝宗密说：“知是心之本体。”神会也说过：“知之一字，众妙之门。”重灵知在佛门属于与相宗不同的性宗。阳明是心宗。

阳明不来思辨的经院哲学那一套，阳明的心门是活学活用的活门，不是死抠字眼的死门。而且阳明的心门首先是平等门，人人皆可成圣人，为什么阳明学在民间大发展，与这个平等法门大有关系，而且阳明本人平等待人，有一次阳明送走两个老头，回来累得叹气。学生在下面说先生诲人真是不嫌朽迈。其次是方便门：归元性无二，方便有多门。阳明从来是随才成就，狂者从狂的轨道上扩充他的良知，狷者从狷的角度扩充他的灵根。阳明教育人是因材料、见性情、去杂质、显心光。让学生从闻思修：佛也好祖也好老师也好都不足恃，必宜从自己“深修”而“自得”。

心门深修　意牧念头

前面讲过“中而因通”，这回讲个“转”字诀。不是滑转，是一转就开、一转就化的转。也就是说，是在思维的根本状态上越转越高级的转，不是在思维的衍生状态越转越表浅的滑转。思维的根本状态就是

《楞严经》里说的“心见发光，光极知见”“心开漏尽，诸出入息化为光明”的状态。

前面说阳明善变，也是在说这个“转”。从宽泛处说，阳明把儒释道打成一片，有机主义成了出发点，靠的什么？靠的是“转同成别”的智慧——从儒释道转出一个活泼泼的心学来，为人类提供新的视阈、新的可能性。“别”是什么？是创新,具有了不可重复性。阳明对儒释道进行了原创性塑造。其他人无从复制，阳明心学的魅力在于呼唤着后来人原创式的回应，阳明门徒之心学流派不可数计。明朝的心学家不止阳明一个，湛甘泉就很纯粹，但是他没有“别”出来，所以贡献不大，今天知道他的人也不是很多，来呼应他的更不多了。

人们常说，一番气在千般用，一旦无常万事休，怎么用？是个念头，心学法门是“意牧念头”，格物致知的要害在“格心”，格心的内容是意牧念头。当这种能力成了本能，就厉害了：在别人看不到机会的时候，你能看到机会，在别人看不到问题的时候，你能看到问题——这是往俗处说。往雅处说就是成圣成雄了，成个有“头衔”的思想家、艺术家啥的。

阳明还善于“转小成大”，这比见微知著厉害。譬如，阳明摸索自己的路的时候，凭的是自己的艺术感觉，一个出了道的诗人的感觉，一个在路上的书法家的感觉，还有一个画家学徒的眼与心，他的诗文表示那时他的心学也就一个不成体系的“美学”轮廓。但是，他的思维根本状态出来了，就咬定青山不放松，不再变方向了，一个劲地“转”，终于，越转越大越转越强，转出个第一哲学来！这也叫“转权成实”“转偏成圆”。

当然，一口说尽就是个“转凡成圣”。当然，他不是普通意义的圣人，他是个圣雄，因为，他起脚是个侠儒。

打个比方吧，阳明像红色特工。红色指其良知、至善。处理事务的警觉像特工。《孙子兵法》里讲第一间谍是伊尹、姜子牙，只有圣人才能当间谍，达不到圣人程度受不了那个非常人所能忍受的心理压力；其次是圣人用间谍，只有圣人高情至性，能够感动间谍不叛变。阳明那一套“生活在别处”的警觉就是：用感觉绝不玩感觉，区别于文人艺术家。譬如唐伯虎本来是阳明书画艺术的偶像，但唐伯虎堕入宁王府，不得不装疯卖傻逃出来，而阳明却不但不入宁王的局，还能将其擒获。

看电视剧《风筝》，我就想：世上最大的良心活就是间谍。信仰靠良知，没有良知兜底的信仰就是阳奉阴违的“语言腐败”。其次“意牧念头”，永远提住心，算得深，永远比对手深一层。睡觉也睁着一只眼。或者说，看人料事有“第三只眼”。第三，能够忍常人不能忍的辱，比任何“忍耐着做”都更得忍耐，上峰的怀疑，本组织的追杀，人不人鬼不鬼，背负着反讽的“阴阳局”。没有本体功夫一元的境界怎能随机应变，处理各种问题？这才叫，不动心以变应变，杀人是为了救人。

周恩来曾手书一条幅："上马杀贼，下马拜佛。"

当年跟高希希等人闲聊，谁最适合演王阳明？几个提的起来的也只适合演晚年的王阳明，现在我可以认真地说:制作并主演《风筝》的柳云龙能够演好"王阳明"，他的戏，细而深，浑身上下有觉知性。

再回到阳明，说句门面话：良知是众妙之门。良知是良能的知觉化，良能是良知的本能化，我们做功夫就是要把良知良能打并为一，平时的功夫就是"意牧念头"。

讲修行，还是佛门博大精深。现在许多高明的法师都在线上线下地普及各种修行方法。当年阳明说佛门修行一是自私，一心自己了脱生死，不能安邦济世；二是着相，只着意修行一件事，没有把量放大。我儒则以天下为己任，这才是不二法门。他也说道家修为簸弄精神，不是大道。他更瞧不起那些"世儒""俗儒"，这类儒断了真儒的文化命脉。所以，他的有机主义是创新,激活了儒释道三家的命脉。对儒家不用说了，对佛门则贡献了“阳明禅”，对道教的作用小一点，阳明一生多病，又死的早，没有多少能够说服人的东西。道教支撑了阳明归隐的一维，而他又终究没有隐了去。

他的心理结构是“既……不……又……”式的，既信儒却不赞成官儒，又成了明代大儒；既信佛却不赞成僧官，又开出来一路阳明禅（有的禅宗史专写一章“阳明禅”）；既信道家仙学却不赞成道教，又整天一副道士范。

本体功夫一元

水和冰的性质是一样的，形态不同而已，人性和物性通在“性”上，不同在“相”上。能够超越相而发现性，就是“若见诸相非相，即见如来”，如来就是本性、实相的意思。儒家认为只有“仁”能够沟通人性和物性，仁就是“疼”，麻木不仁就是麻木不疼，践踏小草心里疼，就是在与小草同情同心同德，程明道在自己的衙门里爱提“视民如伤”这四个字，他说我常常疚愧这个做得不够。这是儒家推己及人、一体之仁的逻辑、理路——可以成为今日环境保护哲学的理论基础：提升心性，尊重物性。

阳明的格竹子、岩中花树，探寻、刻画的就是心物一元的心路。知行合一也是心物一元论的一个人格体现。一般的中国人太聪明，太有阴阳，太面子一套里子一套了，根本就没有想要去吻合那个物性，总想改造大自然为我所用，唯我独尊：“喝令三山五岳，我来了！”冈田武彦举了个例子，说咱们现在科技那么发达，高科技那么能耐，但你做不出一把帕格尼尼的小提琴来，帕格尼尼的小提琴，他从树还在长的时候就开始研究它，用树的哪部分做琴，尊重它本身的物性，然后截下来，哪个音区出哪个音，把它那个物性用到极限了以后，你的心才能体现出来，这是通过发挥物性的极致来说明心物一元的意义。他强调的是要有尊重物性的心性基础。真正实现心物一元，需要练出“思维的根本状态”，而不能用思维的衍生状态面对一切。思维的根本状态在心体，是心体的高级能量。

思辨地说：良知灵明不但是我的、也是你的他的，是整个的，是一个超越而普遍的灵明。不是认识论的存在即被感知，这是贝克莱独断的观念论，也不是康德的超越的观念论。历史早已将问题重新语境化，荷尔德林就不满康德的单纯主体哲学，大讲“万物一如”。荷尔德林也不满意费希特大讲的那个绝对自我，他把“存在”当作主体与客体的统一。王阳明比他们得了有机主义的先机。他的“存在依于心”之存在论，是整体的纵贯的，不是认识的横列的。认识的“理”是寡头的理，可以与心为二的理，到了关键时刻用不出来。譬如，清代的朴学家贪官特别多，戴震临死时说那些学问的知识此刻没有用。良知的理是与心为一，是一，不是合一，这理心是一的心即良知明觉，才有那种不容已地自然能涌现出来的力量，良知成了良能，有变必应，而且是本能反应，是本体功夫一元的本质的功夫。

明觉的感应为物，即意之所在便是“物”。如果不得明觉，便不是从知之意。

王阳明把这个良知，解成一种宇宙的能量。良知既不是主体，也不是客体。同时既是主体也是客体，既是意义也是实现意义的方法，也是能够有意义的能力。这才叫一元论，本体功夫一元论就是这个东西。致良知首先要求功夫上身，然后时时处处地落实、向前推致的意思。他以警觉开始其致。这个警觉可以用电视剧《风筝》中的“风筝”那种思维感觉方式来形容：如灵猫扑鼠，一个极其微小得细节都不会“滑过”。人最易“滑转”“滑过”，致，是种内在的逆觉体证，高度具体又高度究竟。

如果你自己不这样致良知，从而没良知，倒过来天天给人致良知，这便是鲁迅深恶痛绝的中国人之“二重道德”。尤其是那些外行领导：弱智低能，居高临下，他天天啥也做不到，天天教人家。语言的巨人，行动的矮子，要求人家的时候，用的是我所知道的最高的标准，你看人家谁谁，那说让你去吧，他赶紧东拉西扯、变态自尊唱一通高调。董桥有句名言：唱高调如放屁谁都会。

致良知最简单地说，要进入到潜意识专注，有个术语叫潜意识选择性专注，像丹道派守丹田那样，心智摆脱日常普泛的注意状态，进入高级思维状态，从心体上“找”内在的灵觉，唤醒自身的高级能量，这叫做功夫。良知照临不是空头一觉，而是在一觉中隐然自决，是良知明觉之自照。我们架空度日，我们一天天忙东忙西,没有时间返观内照,就把良知都活埋了。一念蔽则天地闭，一念灵明天地化——都是说着容易做着难的。

意义越来越难充满了

现在是沟通的便捷导致了信息的衰减，日本的美学家今道友信发现：过去日本人上富士山是个盛大的节日。一家人备好干粮，一早上就去爬啊爬。爬四五个小时到山顶。吃点东西，看看美景再回来，特别的饱满。后来就有了索道，用不了四十分钟，从底下嗖的一下就上去了。大师就是能从这点滴里面看到根本的东西：坐索道上去的这个感受，跟你爬四个钟头的那个绝对不一样。这是一个审美的例子，其他的方方面面也都是这样。丰衣足食之后人们就难有口福之乐了。这是方便带来的变化，不一定是异化。

优美的情书现在再也看不见了，基本上绝迹了。现在网络用语就影响和彻底地改组了过去的那种语言。比"文革"的改造还要大、广、深，"文革"挥发了人性恶,"文革"培养了嚎叫派。还可以反思到五四运动，五四运动当然有许多好处，但普及白话文挥发了人性庸。汉语的隽永优雅被瓦解了。媚俗也是个历程。要写一个《媚俗的历程》，王阳明站在"晚明浪漫洪流"的起点位置上。百姓日用即是道打开了大俗的开关。阳明这个平民思想家、启蒙思想家，激发千秋儿女心，走进了民俗，譬如"飙歌"；但他最反俗气，也最反媚俗。他说过俗气地活着就像小鸡一样只看到眼前的谷米。王阳明根本不把时尚的世俗的东西放在眼里，任他诽怨，你要想去迎合那个东西没完没了。他能用千年的眼光看百年的事情，这样才能看得好。现在的人根本不管什么“百年”，美其名曰：活在当下！“亲，你的快递到了！”

卡夫卡说：“语言只借给活着的人一段不确定的时间。”因此，破坏语言是很严重的罪过。“伤害语言向来都是伤害感情，伤害头脑，掩盖世界，使之冷却冻结。”

方东树《昭昧詹言》：“古人皆于本领上用功夫，故文字有气骨。今人只于枝叶上粉饰，下梢又并枝叶亦没了。”

美是虚席以待。

致知是建立意义

农业文明基本的意识形态体系是看作用，这个人有用没有，这个思想有用没有，要的是扎着刀吃肉的那种实用主义的作用，而且是直接的。到工业文明的时候叫价值，价值就可以是间接的，可以有期货。最早改革开放的时候，外国人跟中国人做不了期货，中国人根本没有期货的概念，地球上好像没见过这东西。马克思研究商品的使用价值和价值，这个烟灰缸有使用价值，还有他自身的价值，这是工业文明的时候，讲价值。网络，所谓今天的信息时代，信息时代讲意义，意义是在作用、价值之上的一种东西。譬如还说王阳明，你不来看这花，这花和你一样同归于寂，花开在岩石上，你玩儿你的，你的意义和花的意义没有交集，你一来看这花儿，花儿对你有意义了，花儿的颜色在你这里一时明白起来，所以“心中无花眼中无花”就是这个道理，“心中有花眼中有花”说的就是意义的建立。

意义，过去人们把它弄小了，觉得意义是主体的感觉，你对我有意义，譬如这花儿，你对我有意义了，你就是花儿了，院里晾的那盆，我没看，就对我没意义，这是一种主观唯心主义。要害在哪里呢？要害在于意义是一个独立系统，意义是个通道，找到那个通道了就有意义，找不着那个通道就没有意义，找着或找不着那个通道，意义都是独立存在的，必须承认它独立存在的特点，如果不承认它独立存在的特点就永远开不了窍。比如书法的美与不美，美叫意义的充满，意义充满了就美，没有充满就不美。丑、缺陷、丑到极致，是另外一种美。京剧里的丑角，王宝强的《港囧》《泰囧》等，是古典的美不美向大众的快乐不快乐的一种妥协让步。美感是有感情、有意识的，比较深的。快感简单，往生理上更靠一点，所以笑点、哭点之类的更偏生理，过去在古典理论里对快感评价低，现在当我们承认这个信息文明时代，承认网络，承认新的意识形态的更新换代的话，快感的问题并不像古典说的那么低，快感才是根本。祖师都讲个“否”，干啥也不对，与佛不同，佛从不说不对，因为一切皆幻。

你看伽达默尔那个《真理与方法》，有二百页讲了教化，那么长。可见在真理与方法之间，教化起了多么重要的作用。其实现在那些符号、象征，都包含着教化。没有教化，象征就没有力量。品牌，战略策划，都包含着教化。企业文化就是给员工讲故事，第一段必然是企业创世神话。领着自己的全体员工去祭祀阳明的悟道处、墓地之类，都是在“相”弄光景，意在驯化。没有找到教化入心的意根，都有点装神弄鬼，心学不是这么个学习法。阳明都不给他家祖坟上坟，因为他觉得那样没有意义。你给阳明上坟你就成了阳明了？——这才是主观唯心主义。

岩上花

十七、心实用主义

胃统治人类的时代基本过去了，心统治人类的时代基本到来了。心想不实用也不可能，心从来都实用着，加个主义，是为了突出“实用”须向纵深发展的意思，莫虚用、幻用、浪用。心与实相相契，才能获得实用，得实际利益，你能正感正知正受了，就可以像红色特工加谈判专家一样想问题、看世界、说话、做事。习近平说得好，想到了，才能把事情办好。

特工的感觉，谈判专家的妥协，我们能如此说话、做事，不会一厢情愿了就会少犯许多错误。人最大的敌人是自己，所以我们克己；你要做自己的天才，好，我们尽己！特工是“有限游戏”，以一方赢为终点；谈判是“无限游戏”，不断地移动边界，妥协的结果是程度相等的不满意就是满意。弗洛伊德的名言：文明就是不满。

胡适对中国思想界一个贡献是引进了美国的实用主义。20 世纪 50 年代遭到过围剿性的批判。当时，胡适在美国，看到对他的大批判，非常高兴，说这样年轻一代就了解我的学说了。这个态度和说法，王阳明也用过，有一次全国进士考试，考官故意讥讽心学，王阳明高兴地说这回我的学说可以传播到穷乡僻壤了。我就是看批胡适的书了解的实用主义，后来上研究生看了美国的实用主义，再后来又让我的研究生研究实用主义。我的一个硕士研究卡夫卡，我让他大看实用主义，尤其是皮尔士，效果非常好。美国的实用主义是市侩、不择手段的反义词，是有理想、有原则的。现在特意说“心”实用主义，想用这个头衔代替李泽厚的“实用理性”那个标签。我曾用“实用形而上学”

代替过，没有成功。因为李老师的实用理性第一要素是吃饭主义，还是胃统治论。我觉得该心统治了。

意术是原理性的方法论

前面讲王阳明的艺术家的感觉什么的，都是在刻画“意术”。心学是心艺、是意术，是感觉化的思想、哲学化的艺术。具体地说是正心诚意的心艺、格物致知的意术，不能有任何僵化的想法和做法，必须在“生生之谓易”的易道上。关于意术的概念性解释，还是看 2016 版的《王阳明传》。

要讲心实用主义就不能用概念论概念，而是探究它会产生什么效果。这是心实用主义的基本要求，起脚就得避免鬼打架式的经院派纠结，意术坚持这样一个信念：概念的意义来自其结果，真理的意义来自于映证。应该这样为思维活动建立一种新的逻辑框架，而不能先从一个“套子”出发。

意术要求有一个空灵劲，摆脱“剧本化思考”。由于思维定势根深蒂固的影响，人们的先见太多了，偏见太有力量了，很容易在俗套里面翻过来倒过去，成为模式的牺牲品。阳明是不按套路出牌的，也因此打仗能赢、背上“多诈”的恶谥。所谓的聪明，就是感觉对，算路深。养这个空灵劲先要把心收回来，争取不动心，此心不动才能随机而动。如果寻找理论武装可以学庄子的逍遥游，就是讲一个“游”字。游击战术很有游的机动灵活和想象力乃至理想性。魏晋美学有个亮点就是“游目”。游目包含了一种很高的空灵劲，把这个糊涂又仔细的世界空掉，拥有那么一种“游戏”的情怀。有了这种情怀就可以像嵇康、王阳明那样兴高采烈了。兴高采烈了生命的状态就是燃烧，而不是冒烟了。嵇康就是不满足任何俗套，他一定要到《广陵散》里找那个情趣吻合点。非要做出或欣赏那些独到的东西，这就是感觉的质量。

感觉质量最高的境界是心物一元：尊重物性，提高心性。先从身心一元练起，要想练啊，做瑜伽、练太极都可以。把这种东方的、身体的艺术落实到感觉上，这是最好的、最快的办法。与学表演道理是一样的。真正的表演是身心一元、心物一元的，最大程度消泯主体和客体，也是情感物应。总之要练，六艺不通、通一艺罢，有一艺上身，一艺通艺艺通。练也得从心里长出来，不能变成无情的表演。举个反无情表演的例子：阳明的父亲去世，办丧事，阳明刚刚哭过，歇下来，又来人吊唁，阳明如礼，别人提示：此时该哭。阳明说："哭发于心，若以客至而始哭，则以客退而不哭矣。世人饰情行诈已久，故于父母亦然。"我说的学表演不是学"饰情行诈"的表演化活法，而是心投入到"对象"上与对象同频共振的意思。这样出来的感觉就是从心里长出来的。据说演列宁那个演员长年模仿列宁走路、说话的姿态。赵丹要演周恩来、鲁迅也是这样，从服装仪态到眼神表情，在公交车上把人吓一跳，以为总理也上车了呢。同学们可以看看李小龙的遗著《生活的艺术家》。李小龙讲艺术、讲哲学，都是在讲“意术”。

达到意术的意,已经是“心外无事”“心外无善”了。物质只是观察及对观察的描述。皮尔士说:认识的任务,是认识行动的效果，从而为行动提供信念（思维的唯一职能在于确立信念）。王阳明说得漂亮：以行求知身心好。

实用主义一度叫过实验主义。阳明一生是部实验传奇。

意术追求实验效果最大化，但没有一成不变的配方，必须具体问题具体分析，而且没有“止于至善”的时候，你一说你至善了，就掉下来了。

意术召唤“无”,保持“空灵”。人如果心中对“无”毫无感悟,满脑子都是如何占有,他就不可能拥有意术。

意术，比艺术多了宗教力，少了形式感。意术，无法之法,无招之招,开启你的可能性,虚实相生你的心力。

所谓的传奇，就是没有剧本。

真理是无限游戏

当我们普遍承认实践是检验真理的唯一标准的时候,就承认了,真理并没有本本上的标准。承认了这个,才勉强突破了“两个凡是”的紧箍咒。等中央提出与时俱进了，又有了另外的骂声：连真理都与时俱进了还有真理吗？这些,现在都不是问题了。所有的“问题”都有这个特点，当时比天大，过后像扯淡。为什么？因为，文化啊，真理啊，是无限游戏，没有边界，没有上线底线，只是在跟规则、当时的边界“竞赛”，一山放过一山拦，小平同志说过：问题永远会有的。

批小平同志的“猫论”的时候，我就觉得，难道非要一种颜色的猫不管它能不能捉老鼠吗？后来，看到“宁要社会主义的草，不要资本主义的苗”就明白了：跟捉不捉耗子没有关系，跟我要什么有关系。我为啥提出，心实用主义包含着“谈判”呢？就是为了克服这种“墨索里尼总是有理”的那股“有理”劲。

那股有理劲不但一厢情愿，而且是愚昧颟顸的一厢情愿。人们说中国一盘散沙，鲁迅说每一粒沙都是皇帝，我加一句:每一位“沙皇”都有那股有理劲,无论男女。不投入谈判意识改不了。没有“组织”，什么意识也投入不进去！我这么说也是废话一小堆。阳明是非常善于“组织”的，所以能够推广他的学说。我借阳明学的势也推广不开心实用主义。才能，才能，我缺乏那个“能”。

我提两个点：一是真理的有用性，二是真理的游戏性。有用性其实已经被美国的“形而上学俱乐部”的实用主义者说完啦：一种观念只要能把新、旧经验联系起来,给人带来具体的利益和满意的效果就是真理。这话听着俗气，换成“真理即是善”(詹姆斯)就因含混而好接受了，詹姆斯还说了一句“有用便是真理”，便又会引发争论。其实，他的意思是一致的：真理是思想的有成就的活动，只要一个观念对人的生活有益,它就是真的，而且只要它是有益的,它就是善的。道德和真理只具有实用的意义，只是人应付环境的工具。

有用没用，靠实践来实验，靠经验来总结。这里说的经验既不是主观的，也不是客观的，而是超越物质和精神之对立的“纯粹经验”——心（体）！“回到心本体”可以与胡塞尔的“面对事实本身”构成妙对、绝对！它俩貌似两极，而两极相通——只有回到心本体，才能真正面对实事本身。把心本体换成西化的术语“纯粹经验”，就可以说它既包括一切心理意识、主观的东西，也包括事物、事件等一切客观的东西（心外无物、心外无理），它本身没有动作与材料对象、主观和客观的区别和对立，经验完善的工匠都是“无他、惟手熟尔”（卖油翁）。经验是始基性的，主体和对象、经验和自然都在统一的经验整体中，它们不能脱离经验而独立存在（心中无花，眼中无花）。经验指导行动的时候发挥着“大圆镜智”的作用，“胡来胡现，汉来汉现”。物质是观察和对观察的描述。行动优于教条，经验优于僵化的原则。概念、理论并不是世界的答案，判别它的意义和价值，是看其在实际应用中可感觉的效果。譬如，药，就看吃了认不认。

说真理的游戏性，针对的是过去那种真理的剧本性。真理剧本化了当然就不再是真理了，只能是意识形态的说教，或者传销商的传销术，或者秘密教中的咒语、真言。更像抗战神剧的台词："八年抗战开始了"！说它的游戏性是否会滑向玩世不恭或虚无主义呢，恰恰相反，这两种东西比剧本化更是真理的敌人。真理克服它们的能力在于：符号及其共鸣。

游戏包含符号的运作。符号的功能包含隐喻和象征，永远指向别的地方。真理是不确定的条件下，由不确定的人"说"出来的，更是获得了多数人"共鸣"后确立的。俾斯麦说政治是可能性的艺术，我说真理是可能性的意术。意术是游戏的不是剧本的。意术是视界化的，不是以"看"而是以"看到"为界限，具有了意术的能量，每一个瞬间都可以发现一个新的视域和一系列新的可能性，于是，也永远在路上。因此，真理不是终结性的。它，是自由自觉的创造性活动，而不是创作性活动的制成品。包括心学，不是成品，是召唤我们共鸣的意义场。在心学家王阳明的内心中活跃诗人王阳明。说《传习录》是诗歌可以，说是概念的诗歌不太对，因为里面没有什么概念，而且反对的就是“躯壳（概念）起念”。说心学是诗学不够隆重，但大方向不差，因为诗本身含有宗教性，又不是宗教。譬如前面提到的谷川雁的《天山》，它只是一种隐喻，是人的状态和人生境界的一种隐喻。隐喻的作用是将我们的视域转向别处,邀请我们“生活在别处”。如同，教育是邀请漂泊于陌路的人回家。

说真理的游戏性是突出其可能性，说它是无限游戏是突出其没有边界，没有完成时。心学的“说”是种无限的“言说”。

心实用主义真理观这样吁请每一个人：时间的每一个瞬间都是开始，不存在一小时的时间，只有一小时的爱、一小时的学习或劳动。工作不是消费时间，而是生产可能性。时间是自由的变量！美是自由的象征。

让良知自由的想法、做法才是“活着的真理”。

孙悟空的戏永远比唐僧的戏好看，因为“以战为戏”的猴子是个无限游戏者，唐僧则以取经为目的，是在有限游戏中。阳明活在隐逸情调的时候，将时间投入游戏，从一个有限游戏者变成了一个无限游戏者。当他活在良知充满的情调中的时候，他成了一个真正的无限游戏者，说他是启蒙大师是说他开启了活在他身后的一代又一代人的可能性。他是个传奇，不是剧本。

谁把心学剧本化，谁就是反心学的。按剧本化的心学培训员工，意在出奴才，不能出圣雄。开个玩笑，给阳明“加冕”：红色特工，谈判大师，游戏大师，这三个头衔，会让人有感觉吧。从这种角度培训员工也许能开发员工的创造力、执行力呢。

史学提炼经验

纯粹经验是心之体，经验是心之用、是功夫，共同经验是“效应”。人类为了让更多的个人经验普及为共同经验，发明了史学这个工具。史学也是提炼经验的重要工具。它是教育的重镇。所谓的教育就是使天赋变成能力，这种能力是造就共通感的能力。

汤因比将真实的历史本身叫作大写的历史，将人写的历史书叫作小写的历史。王阳明是最早提出“六经皆史”的人，这相当于把小写的变成大写的了。这是将“神圣”也因此封闭的“经”放回到开放的“无限”的文化当中了。

胜朝修史是中国一大传统，新政权要垄断“青史”的话语权。为啥历史都是胜利者的历史，历史是干什么的，让你看见才看见，不让你看就看不见，历史是为了组装后人的记忆。古代欲灭一国必毁其史。二战占领国修改被占领国的历史、强令人家学自己的语言，等等，目的是什么？扼制你的生成能力——改变你的文化。

旧中国的史书以《资治通鉴》类的宰相辅导材料为主流，新中国的史书则以发现阶级斗争规律的科普小人书为主流。总之，都算剧本，都有预定的结论，都是调节现实的说明书。所有的史书都有一个核心的东西，都暗含着修史者的一个追求，比如 20 世纪 50 年代的文学史吧，它有一个追求：民间文学必然胜过庙堂文学，现实主义必然胜过古典主义。它的叙述就是证明这个“理论”的，要用这个“论”来贯穿它这个史，比如爱国主义，写这个文学史就要确立爱国主义是中国文学发展的主旋律，你爱国了，你这个作品就伟大，你不爱国，你这个作品就不值一提。中国史官文化的一个核心点，就是把那个意识形态的功能，放在这个貌似客观、全面的历史叙述当中。

上面说的史书里虽然结果不够公正，但其提炼经验的功能昭然已揭矣。所以，怎样提炼才构成问题。

为什么司马迁的《史记》那么高明？就在于他能把一个人的经历变成“人生一般问题”，就是变成了有共通感的“经验”，例如“李广难封”成了感染力极强的语典。许多怀才不遇的人都会来一番关联性解读。还有《屈平列传》，屈原成了“信而见疑，忠而被谤”的“品牌”，一直到当代文学依然有“屈原情结”。经验是在文化中生成的，也生成着文化。

心实用主义致力于获得关于真理的“经验”。诸如艺术真理的经验，美学真理的经验，史学真理的经验。从“一次性”中建构普遍性，引导建构共同性的“理解”。人文世界没有靠确定性、重复率支撑的“规律”，只有经验的共通感。共通感使感觉具有了理性才具有的普遍性，把理性能力熔铸到感觉中，在感觉的层面保证我们的感觉经验具有普遍性。

不能再把经验和理性对立起来了，经验中就包含着理性因素。经验无需先天范畴来综合，因为它本身就包含着联系和组织的原则；理性是在经验内部对经验的理智的驾驭，是控制和调节有机体同环境交互作用的反应机能，它调节旧经验与新刺激的关系，以便更好地适应环境。理性是经验的组成部分。阳明学可以成为我们的经验，必须成为我们的经验才对我们的心“有用”。如果只是会从网上抄几句话，那只能对讲课之类的“嘴”有用。

西方的人性论，文艺复兴前突出的是神性，文艺复兴开始突出欲望，启蒙思潮后则是突出理性，中国的天理人欲之辨一气贯穿，积累了丰厚的纸上的、活着的“话头”，心学破土而出，突出天理人欲不二法门的“心”统治论，真善美自循环，这种生活方式的学问，将神性、动物性、理性“一勺烩”，端看“念头”如何。心学里面的意牧念头就是在“提炼经验”，擦亮你的心镜。切记：经验不是知识。不能像知识一样传授积累。譬如，意术应该像教武术一样训练，它在一个场里生成，靠潜意识的积淀。要说知识也是感觉化的知识，跟鉴别古董似的一看，一掌眼，就知道是不是旧的。经验，就是这个意义上的"照妖镜"。

过去常说的经验主义是重复思维，固化了，毛主席说过经验主义害死人，那种经验主义是我说的经验的敌人。这个差别就像人和大猩猩的基因只差2%，那98%是一样的，就差那一小点，就那一小点使人和它们不一样。从生理上，我们有这个足弓，脚背上那根骨头，有这根骨头，人就能站立。心实用主义的历史观就是要建立这个足弓。怎么建立呢？就是确立心的"经验"。从有限游戏走向无限游戏，拒绝任何剧本，连王阳明提供的剧本也不要。学习心学就要学会双向性转化。如果推荐一本好的历史书，《人类简史》站得高看得远，它完全是上帝视角，不关乎我们具体人的喜怒哀乐。这是种高超的俯瞰的写法，走出了有限，进入了无限。

王阳明的乌托邦追求引向了专制和反智，用意识形态代替了"谈判"，企图用一般圣人的核心概念来概括社会历史问题，尽管他强调不同时代有不同要求，尧舜不能吃周公的饭，周公不能吃孔子的饭，但他主张用减法解决思想文化问题，学孔子删六经，秦始皇焚书也没错，错在出以私意。这就必然退回到封闭的有限游戏里，用一种时代永恒论扫平天下，跟卢梭反对建立歌剧院差不多，卢梭的朋友反问卢梭：我们是不是还该爬着走路啊？

但是，良知不会让我们在地上爬，良知是坚持人是人的最高本质的，是让人自由解放的。阳明的伦理是按忠孝之伦来论理的，是缩回有限的东西，良知本身是无限的。“心”的经验只能靠意术来炼成，转换“有限”为“无限”是个前提，是第一步。取消忠孝天经地义那一套，代之以对具体的社会历史事件的研究，探索应付这些事件的具体的行为方法，就可以得自由。

人有情感、意志和智慧，他按照自己的意志利用环境，使环境发生有利于人生的变化。因此，人同环境交互作用所形成的经验，不是单纯记忆性的知识，而是活动的、实验的，是由现在伸向未来的过程，是利用过去的经验、变更现有的东西、建设未来的更好的经验。——这样说话的詹姆斯是可以融入心实用主义的。阳明突出诚意为先，有突出“情”在经验中的核心地位的意思。有情来下种，情的种子功能相当强大。西方有谚语：记忆是保持情操的严师。

道德是种智慧

雷锋最天才的一句话是：“人的生命是有限的，可是为人民服务是无限的，我要把有限的生命投入到无限的为人民服务之中去。”天才在把有限转变成了无限，于是死而不朽。许多人只有“我”就有限得可怜了，雷锋无我反而无限了。佛教“破我成佛”的逻辑被一个共产主义的普遍一兵给验证了。说雷锋道德高尚是从结果上说的，原因在于雷锋“觉悟”了。觉悟是大智慧。把有限变无限是大智慧也是大道德。

雷锋精神是个性自由出来的，是从他心里长出来的，他做的一切不但都是自愿的，而且都是“非如此不可”的——良心就是这种操心强迫症！雷锋是良心的人格代表，有此一个“标签”，雷锋虽然死了却永远活着。贪婪是个贬义词，但是说雷锋出车回来，营房已经熄灯，他找到亮着灯的炊事班，捧着《毛泽东选集》“贪婪地读起来”，就特别传神。他这种贪婪也是智慧。他感冒去帮助工人推砖一出汗感冒好了也是智慧。这样说好像搞笑，其实可以以小见大。

德勒兹有本《哲学与权力的谈判》，说出了哲学的本质。人们相互交流都是在谈判，只是并不都生死攸关。权力是蔑视谈判的，希特勒的名言之一：合约只不过是一张废纸。王阳明是谈判高手，跟朝廷谈判便捉襟见肘。因为朝廷是游戏的主动方，阳明是被动方。朝廷是流氓，阳明是良心。

阳明留下的精彩段子多一半都是在展现他谈判的机锋。禅宗公案都是我说的谈判智慧。阳明的教学都是谈判——通过理性的交流影响感性，通过感性的交流影响理性。你憋着一脑门子问题来了，他先让你去唱歌。唱完歌儿了,问题基本解决了。阳明让贼脱上衣，非常利索地脱了。阳明说天这么热，把裤子也脱了吧。贼便忸怩起来，阳明说你心里也有良知啊。可以讲半天的是《告谕浰头巢贼》：若骂你们是强盗，你们必然发怒，这说明你们以此为耻。若抢夺你们的财物妻子，你们也必愤恨报复，但是你们为什么又强加于人呢？你们当初或为官府所逼,或为大户所侵,一时错起念头，生人寻死路要走便走。现在我要你们死人寻生路，反而不敢？底下还有，你们辛苦为贼，所得亦不多，我对“新民”的安置有多么好，等等。你们要继续为恶，我不杀你们对不起那些被你们侵掠的良民百姓！——是一封情真意切的大情书！这颗精神炮弹，具有神效，直接感动卢珂等酋长率部投诚。比港台片的谈判专家“好看”多了。

谈判靠“经验”。经验把价值与事实、心与物、主观与客观完全统一起来，道德也同样具有经验的性质，善、恶都是人类经验之事。詹姆斯说，除了个人意见之外，事物根本没有任何道德特性，个人的心是一切事物的尺度。道德是生物应付环境的一种活动，道德是个人在应付环境的活动中所产生的综合感觉和整体经验。

在人的日常生活中，只有当人处在疑难的境地，并需要在各种价值不同的决定中选择时，才会出现道德境遇、产生道德问题。西方早就有了境遇伦理学来做专门探讨。道德理论只能从每个具体的道德境遇中产生出来，而且任何道德理论也只是行为的计划和假设，是个人应付具体情境的临时措施——或者是自己和自己谈判，或者和对手谈判。谈判是道德与智慧的对冲。只讲道德，会夏天穿棉袄；只讲智慧，会遍地风流。一厢情愿是高估人性、心存侥幸的根源，毛泽东嘲笑“三人团”靠一厢情愿打仗，真是一针见血。

《未来简史》不讲道德，只讲“算法”，人性就是算法。因此，智能人将取代现在的人类。这不是智慧彻底地代替了道德，因为智能人不再是“人”了。卡夫卡当年悲哀地警示世人：“世界上很快就只有成批生产的机器人了。”因为，拔根的事情，我们每个人都做过。

闲检时文

十八、良知共享和共享经济

孔子说诗可以群，群就是共享，一片云影响另一片云，互相唤醒，心心相印，阳明说良知像心印也似的。——这是美学原理：共鸣！从孔子说的群到今天微信上的“群”，中间一脉贯穿的是对虚拟空间的占领欲，对可能的共鸣的期待，简单地说就是迎接可能性，拽一点说，是一生四五六的“超文本”生成。神秘点说会有“秘响旁通”的效验。——不可测！链接的不可测！

诗可以群，良知呢？有人说，让一个人讲良知是可能的，让社会讲良知是不可能的。现在说的良知共享，就好比共享单车，不是让全社会都骑单车，而是有单车共享这么个模式。就像什么人都可以骑单车一样，任何人都可以共享良知，只要你肯，就可以。捡破烂的和江洋大盗别的不能共享，只有良知可以共享，只要你肯就可以。良知没有门槛。至于能否建成良知文化，那只有天知道。而且成不成的标准也不好说。王阳明算建成了吗？他为天壤间留下了心学，建了那么多书院，培养了那么多实修心学的学生，当然是建成了。但在朝廷的权力系统，则没有。王阳明要是赶上互联网时代，他建成的幅面会大得不可数计。

未来的心学会朝着“共享”发展，良知可以共享，期待着共享，越共享人越能活出人样，人类也更像人类，上不封顶下不划限，你多了我不会少只会更多。今天叫共享，阳明叫大行：良知大行于天下就是大同盛世！他那只是文学呐喊、伦理呼吁，共享是有办法有操作的经济方式，会从生产方式改变生活方式，不只是单纯思想改造上的,共享有利益驱动能力。不和经济挂钩,不能落地就难开花结果,精神现实从来不是物质现实的对手。除非精神变成了物质(马克思《〈黑格尔法哲学批判〉导言》)

有了"互联网+",上面说的就不再是土谷祠畅想曲了。美国的扎克伯格的技术驱动的里子还是心力驱动。技术可以使创意直接变现,就看你的"意"的质量了。现在江湖培训已经成了生态,创业者的第二代教育也与"心学培训"结了缘。全民期待心学来精神变物质。林肯在南北战争开打时说我们希望上帝保佑我们,南方军队希望上帝保佑他们。上帝到底保佑谁呢?林肯怎么回答的我忘了,我想说的是心学只会帮助"诚意"者成功,良知在心里。

"马云与王阳明隔空对话",是个好题目。可惜那个作者和我一样不懂经济和高科技,没有解决什么问题。马云强调用感觉创新创业、玩出新点子,但他用四亿拨千斤、以钱克刚拍《功守道》却只是满足了他的早期经验，倒证明了人性不是算法，还在弗洛伊德发现的那个“轨道”里。

信息文明也是念头功夫心地法门——感觉：同感出共享。把感觉转换淘宝、腾讯之类的事情，以后还会有，可以有。良知共享和共享经济深度相生以后，英特纳雄耐尔也许会和因特网以及“网+”一样开辟出一个新轨道。解放了心力就能解放生产力。

王阳明的意义在过去是挨批判的意义，现在又把它捧得不像个啥了，仿佛有了心学就可以包打天下似的。其实骂得它狗血喷头是愚蠢的，认为它能包打天下是迷信的，迷信是种华丽的愚蠢。实事求是地说，它可以和信息文明融在一起，其他国学和信息文明不一定这么天然合辙。所以姜奇平的《新文明论概要》特别借用了王阳明，融创出了一种可以与西方哲学对话的新样态。王阳明这么被人说来说去，也是因为他对人有用。这就是《周易》里面讲的“时”，王阳明心学终于等到它的“时段”了。以工业为框架的实证思维体系不当红了，到了互联网，以体验出来的意义为意义的时代来了，阳明心学的时代也就来了。意义在体验，这个转变，是一个了不起的转变。我们小时候，就根本没有好吃不好吃一说，只有吃上吃不上。物质时代吃不上就得挨饿，挨饿就要死人、得病。过去的意义在客体。今天不是胃统治了，而是心统治了，物质满足我们与否，还得看我们的体验。意义跑到主体上来了，现在体验经济、品牌战略、广告等都是打“体验”牌，这时候王阳明的意义就凸显出来了。意义的核心在“意”，“心之所动”就是意。

心学是找到一切的“一”的感觉，找到感觉，并培养你去找的学问。

梁漱溟说孔子就是做生活的学问，他立志的内容我们不知道，三十而立立的内容我们也不知道，不惑的内容耳顺的内容我们都不知道，就是知道他是干这个的，就是把生活变成思想。阳明的圣人之道也是如此，他教学生的也是如此：把生活感觉化，用感觉来思考，用思考来感觉。人与人之间心连心，通过心连心而钱生了钱就是互联网经济——这其中有道道，我不懂经济学，难以发掘，但我知道：这个可以有！

譬如，良知物性论可以形成新的技术驱动。良知物性论比心物一元更强调内在互动，不把物看成死的，而是看成活的，竹子也是命，岩中花也是命。物的物性与心的心性是相通的互动的，物不仅由意念呈现，更是为意念左右的视域。一个图像又是花瓶又是两个女孩的头像，还有正面看是青蛙倒过来看是马，当然，这不算真正的视域。视域是相对视界而言的，视界是无限的，良知是视界的，良知物性论是万物有灵的。通过与物的内在互动，心才能圆满觉醒：因为懂得，所以慈悲。不再是主体认识客体的二元论，而是主体与客体统一的存在论、创造论。大概因此韦伯说："如果能够充满爱地触摸物，能够洞穿物，那么一种新的文化就来临了。"

体验加分享加智能化是今天最重要的经济原理，

体验的内容是感觉，分析感觉并在分析中产生新感觉的心学是还有重要意义可以挖掘的，譬如像格竹子一样“格”你的产品，“格”你的客户，找到共振，找到新信息。分享的关键是所有权与使用权分离，为什么分离还能双赢，因为合了道、各得其所，有效地解决了良知和体制的矛盾。分则两美，譬如练太极的根本毛病是“双重”，双重就是没有分清虚实，所以一辈子也入不了太极门。太极的奥妙是虚实相生：虚处把自己的 50 斤气给了实处，实处就 100 斤了，实处把自己那 50 斤劲给了虚处，虚处也 100 斤了，原先的一点没少，能量加大了一倍。

游戏与艺术相通

信息文明是符号文明，是消费符号、制造符号、发现符合、利用符号。本来是个五毛钱的东西，一设计包装就变成了品牌，这都是广告延伸出来的。鲍德里亚、柄谷行人等人对后现代的文化特征进行很好的分析，但是他们的术语说起来太拗口。咱们现在也不能掉书袋。就还是十八扯吧。

先说符号。我上研究生的时候符号学最盛行，现在就那么回事了，学说跟蔬菜一样有季节——现在大棚化了没有季节了，也就都不盛行了。还是老经典反而叼住了一些基本问题。譬如，柏拉图在《斐德若篇》和奥古斯丁在《论教师》中都觉得：如果所有的“教诲”都无法脱离符号的话，那么，所有的教诲都必定是一种“游戏”。在奥古斯丁看来，游戏，暴露了人性根深蒂固的软弱。而且符号的知识又很难避免自满，因为，符号正是骄傲的产物。今天，人们疯狂玩游戏，为了获得幸福——幸福是骄傲的满足。

网络时代最强悍的意识形态就是游戏，游戏是一个根本性的东西，把游戏放到意义的本体的地位上来，才能看清游戏的价值和作用，譬如文化、真理是无限游戏，而权力是有限游戏，是舞台剧式的，终有谢幕的时候。阳明归隐包含了变有限为无限的意术，他的责任感又使他回到大明王朝的舞台剧中来。他终于死在门外。说个当代的游戏影响了意识形态的。里根看了《星球大战》这个电影，里根更新了思维，就跟苏联谈，咱们别在地球上打，在地球上打，你放一个，我放一个，地球能毁灭多次，咱们往宇宙、往星空上去打，你打一个我打一个，苏联不服输就做，但它的体制不一样，美国又挣了钱又提供了就业岗位，发了财。苏联这面是计划经济体制，比如这一年一百块钱，三十块钱做了导弹，就少三十，而且高级军事机密，不能用于其他领域里面，研发研发，结果硬把苏联拉垮了。《星球大战》那个电影导致了苏联的解体，是最夸张的世界游戏了。

未来的战争就在这几大文化圈里，基督教文化圈、伊斯兰教文化圈、儒教文化圈。文化圈里最有能量的是宗教。早期农民起义都有宗教在里头，没有宗教的组织就没有力量。民国的时候，人们都知道这个道理，比如冯玉祥用基督教治西北军，虽然基督教可以约束军官少犯错误，但无法激励士兵杀人，所以用基督教治军失败。国民党守卫南京的司令唐生智，他用佛教治军，最后南京被日军屠城，这和他用佛教治军倒关系不算大，因为许多部队不是他的、也不归他管。蒋介石用“三民主义”治军，也是一个标签化的东西，并没有落实到人们的心里头。而宗教呢，都带有艺术的功能，巫术是以艺术为载体的，为什么说影视通巫术呢？不光影视，所有的艺术都通巫术，从人类不断脱离自然，又和自然不断的拉扯过程之中，人类的主体性在成长的时候，都是靠着艺术和巫术的交融。

其实这里面提出个什么问题呢？就是思维和感觉的本体地位，为啥戈尔巴乔夫提倡“新思维”，他执掌苏联以后发现弄不动，弄不动怎么把这个更新呢，提倡“新思维”。任何东西到最后你发现都是一个观念，写剧本，张力在哪儿呢，就在观念之争。观念之争永远是那个张力之所在。说观念的时候就还是古典的，还是农耕的，还是黑格尔的，再往下或者再往上，都是一个意思，就是思维，就是感觉，为啥说要承认意义这个独立系统，它是个通道，它本身没有含义。说意义，有好意义，有坏意义，比如说细菌有好细菌有坏细菌，过去说细菌都坏，我有个朋友，张家口人民医院的副院长，非要把他爸身上的细菌都杀完，结果发觉杀完后残疾了，没有细菌还不行，赶紧弄别人的大粪汤给他爹灌，要没有大粪汤他爹就过不了那一关。这里就可以看出什么是无善无恶，无善无恶心之体，王阳明这句话是哲学的。有善有恶意之动，是伦理的，是伦理学。只有到无善无恶心之体，提到这儿的时候才是哲学级别的。

现在这个互联网时代逐渐开始需要新的哲学，来点亮它，是点亮，从里边点着，不是从外面照亮。中国最现成的哲学能点亮它的，就是王阳明的心学。这就是王阳明心学真正火的“市场侧”的原因。西方千年中世纪就是真理都定好了，你就守其本分，安安静静，老老实实为了最后的审判。这是宗教，宗教就是标准答案教育。宗教的反义词是什么，就是游戏。游戏把“剧本”意义全部取消了。宗教是有意义，而且只有一个意义，相信上帝的上天堂，相信佛法的当和尚。宗教其实是有限游戏。而这个世界的本质，从更根本的属性讲，是无限游戏。没有剧本制订好的意义，还要活出意义来，这就得拜托游戏和艺术了，艺术与游戏精神相通。

良心的反义词是流氓。

在“微时代”，心学有什么作为?

微时代，人们越来越原子化了，个人感觉越来越自我中心、小群部落化。向原始社会还原，“摩登原始人”快变成现实了。因为人们的感觉失掉了“大我”的拉力。用寡头的标准，别说李白杜甫苏东坡，就连郭沫若也出不来一个。用民主的标准，各种娱乐至死的现象，校园恋爱的物质化倾向等，也不敢说下一代人进步了。感觉的质量从哪来？从思想上来，从心上来。但是，人们都拨弄自己的意识心，不肯返回心本体，因为返回心本体需要“逆觉”，这需要改习性，但没有多少人真心地要改变自己。心学，只是因为名字让人有遐想，以为它可以让我们的心怎么样怎么样，其实，心学不是你以为的心理学，也不像佛学那样，你信了它，它就保佑你。心学，是你信了它，更得改变自己。只有大丈夫能信佛学，也只有想改变自己的大丈夫才会信心学。我前面特意讲心学发挥文学的作用，也是不敢奢望的意思。

浪漫的瞎说吧，微时代的人，更活在自己的感觉中，心学可以帮助你提高你的感觉的质量，就算是推销，心学也只能帮这一点忙，前面一再讲心学训练感觉、生活的艺术之类也是此意。从个人经验的角度，它让你活出“自己”来，从公共知识的角度，也就是个感性的良知！它让每个人发育自己的感觉，从而使社会更多一些良知，这不是“很良心，很良心”的好东西吗，我提倡“心实用主义”，出发点和归宿就是在此——这如果算口号也是个悲凉无力的口号吧。

卡夫卡说：“空话是恶的坚强堡垒，是一切热情与愚蠢的最持久的保鲜剂。”我不知道我上面的话算不算空话。生活唯一真实的内容是感觉。我这样说心实用主义是充满敬意的感觉，但是一点也不能保证让你们和我同感，因为，我没有艺术，没有用艺术的方式来传达这一信息。出不来那点“意识”——艺术唯一真实的内容是对所表达的感觉的意识。

良知是伟大的智慧，超越了力量形态，力量形态是有限游戏，智慧形态是无限的。良知，在和平发展的国际大环境中日益成为普世价值，也就日益成为我们的“公共知识”。体制运用的是公共知识，所以体制应该加大良知深入个体经验的工作，譬如列入核心价值观，让良知教育进教室、进小区。个人经验与公共知识这两端打通，循环起来。价值观教育被广泛接受也是靠这个打通和循环。其中，最核心的是，个人经验升华为公共知识，良知具备这个质量和能力，再重复一遍笛卡尔的话：抱怨自己缺这少那的人从来不抱怨自己缺少良知。最没良心的人也不说自己没良心。这，是良知可以成为公共知识的前提，没有人公开反对这一点。要真正信服这一点，还得从个人经验中自己长出来。说清楚怎样从个人经验中长出来，就得靠“意术”了。

心，是被创造出来的，不是现成躺在那里，一事不做便号称所作已作所办已办，良知现成派出问题就出在这里。这个创造的过程是发现，不能妄添一物，发现你的本心，人人皆可成圣人，人人皆可成佛，你推也推不掉，但是你要自封国王终究不是，这个张力空间正是心学功夫的用武之地：善良出能力来！

引两句阳明的原文吧：

此学如立在空中，四面皆无依靠，万事不容染着，色色信地本来，不容一毫增减，若涉些安排，着些意思，便不是合一的功夫。知是理之灵处。

这个空，是个根本的方法，现在便于理解，往浅处引申一下，好似“存在与虚无”的那个虚无，这虚无正是显现意义的地方，海德格尔比喻为森林透进阳光的那个缝隙。譬如，如果鲁迅没那么虚无，他也不会那么深刻。

重复一句过去写过的：良心是种诚明的情欲（过去说“澄明”是在套海德格尔，现在觉得还是儒家的“诚明”高），是种无私的操心强迫症。是种卡夫卡说的“不具有目的的美”。他说：“不具有目的的美使人产生一种自由的感情。”是的，必须是自由的，否则，就可能滑向反人性的“大事业情结”。良心与自由的关系再不具有目的。这个层面是一体的，但是，在现实生活中太复杂了，良心和自由的关系是两个终极价值兼容与不兼容的问题。首先必须承认两个都是终极价值，其次必须承认两者是两股道，第三兼容了就可以共享，不兼容能否分享？多元化原则适合不适合这两股道？第四自由与良心的共享是否在未来才有可能？

想起卡夫卡的浩叹：“‘我’无非是过去的事情构成的樊笼，四周爬满了经久不变的未来梦幻。”世界永远焦虑，诗却张显定力。焦虑不安的晋，出了个陶渊明，悠然了。艺术抵抗恐惧。

私人经验与公共知识之间打通的窍要在代入感，形成共鸣。诗之类的艺术生成代入感。这个代入感让你进入“符号游戏”。符号，一边是个人经验，一边是公共知识。个人经验由不断的触动积累，公共知识由多维运作积累，都得“走心”、由心，能够引起共鸣的符号是活的，不能引起共鸣的则是死的。

说句大话吧：在超文本的电子时代，你的感觉可以创造任何文本，你的创意游戏达到了超文本层级，就可以改变旧故事，创造新故事，就能在无意义中“活”出意义来。

姑且算结束语

当你说话做事达到一种艺术境界的时候，就类似心学，哪怕你不知心学为何物；杜威说艺术是经验的完美。我讲心学从开始到现在，始终偏艺术一路。因为，艺术就是不确定的确定性，确定的不确定性。学道如抓瘙痒才说上一点又叫下一点，如扶醉汉东一下西一下，没有规则和预定的程序。文学和艺术，在心学这个大盘里是一样的。艺术的不确定性和流氓的无标准有一拼——用正来克邪，讲究确定性的正即使暂时克不了无标准的邪，但终究会积淀出克服邪的正气。因为艺术可以战胜时间，流氓则仅能利用一小点时间。阳明的艺术（意术）碰到朝廷的无标准当时很无奈，五百年过后我们还要学心学，而把那流氓作为反面教材了。意术碰见魔术了，只能化成一种精神，靠文学艺术的方式感染后来人了。——可能十万珍珠字，买尽千秋儿女心。

农业文明讲作用；工业文明讲价值；到信息文明讲意义，它们本身不矛盾，无非是层次不一样。农业文明时代，种瓜得瓜，种豆得豆，因果链条宛然。工业社会基本上是治一腑必伤一脏，把肺结核治好却得了肝炎了，工业社会基本上就是这样的结构。信息社会就是不可测，全都量子化了。量子与良知“性”上相通是个大“题目”。信息文明的特点是后果不可预期，不可测度更大。

现在，体验经济为啥“火”？因为购买的是感觉的意义，过去是价值观指导消费。现在要的是意义，意义就要求能感觉到它，意义和自愿原则沟通，本是公有的意义，却需想办法让你自愿，这就是微妙之处。包括共同人性、审美的共鸣、通感，等等，本来是个人经验变成公共知识的“道”，现在也都成了赚钱的通道了。说明经济领域更在人性的轨道上。不高估人性，也不贬低人性，朋霍费尔《狱中书简》里说任何时候都不要贬低人性，贬低人性你脚下的基础就塌了！王阳明绝境不绝望，往根上找感觉，返观自心，找到自性，兴高采烈地成了圣雄。你想发财，“靠自己”的话也是这样，没有别的办法。

记住：良知是个绝对，你自封的良知未必绝对。

低声读

十九、被误解的王阳明及答心友问

一般都认为心学家不爱学习，就是抖机灵，这是个误解。

一般人认为李白不爱学习，一口喷出个盛唐，其实李白是向民歌学习得最好的一个,而且李白的“外语”（今天该说少数民族语言）相当好。王阳明因为主张尊德性，人们便觉得他道问学上差，这是人们习惯落于两边的思维定式。阳明年轻的时候除了准备八股文考试，还晚上熬夜学习古文诗词，还一度累的吐血，他父亲把他的灯没收了。他在国子监学习的时候，下功夫学习了八股考试不会考的各家兵法，而且终身修习仙学、佛学。他晚年已经功成名就了还是手里有个小本本，一遇到自己不知道的就记下来。一个人去看他，说起自己那一带的名物风俗，阳明赶紧记下来。那人感叹谁说新建伯不“道问学”？

还有人说阳明整天打仗没时间做学问，全是靠聪明立世，这是学院派蔑视实战家的偏见。

汉学家的学问，他的确不行，他是诗人、书法家那种艺术气质类型的；他也的确聪明绝顶，但他并不是不做学问，也不单靠聪明。问题是学究的那种学问在阳明眼里是玩物丧志，就连朱熹注解《楚辞》还受阳明讥评，那种学问不能平叛擒贼，倒在其次，关键不是圣人把生活带入思想的路数。

阳明打仗的时间，一辈子加起来不到半年，而且指挥平宁王的时候还在都察院讲学。

阳明做的学问是“随时随事从心上做”的学问，不是用心来做，而是从心上做，相当于，学院派讲“知”

识，阳明讲知“识”，阳明抓的是“意识心”，把“识”搞定了，识上映现出来的任何东西都在掌握之中。把生活带入思想的路数也是做知“识”的学问，这样久而久之就知“道”了。

十几年前南京有个所谓的教授倡导知识分子就是知道分子，可以说狭隘没落到家了。知识分子不像个样儿有各种原因，来自知识分子本身的隳堕是鸡蛋能孵出小鸡的内因。

说阳明是圣人，虽是美化，也是误会。

于丹说，我不说王阳明是教育家、军事家，我说他是个圣人。不知道于丹的圣人标准是什么？按着传统的圣人标准，阳明显然是个“另类”。最家常的说吧，圣人都是好脾气，孟子血性汉子逢人就吵，是贤人的款式。阳明可不是个好脾气，譬如说他要坐船返江西首义平宁王，船夫怕死，说是逆风使不了船，阳明拔剑割了船夫的耳朵。这不是圣人的款式。土匪说阳明纯是“伯术”不也全是造谣，军事家里找圣人只有在军事理论家里找。慈不掌兵，拿着《论语》或《圣经》打仗，是演喜剧。阳明自己也说我本来是修炼圣学的，却整天让我干杀人的活计。修齐治平是圣人的基本路线、基本要求，阳明在修身齐家方面不及格。他最后出征思田，自己病得忽忽悠悠的了，而且已经有了自己生的儿子了，还是又娶了一个小老婆。最后，他家里六个老婆闹得帮他管家的学生手足无措。在齐家方面他彻底失败。

他自己临死前也说自己的圣学才证到“几分”。

阳明入孔庙为啥那么难？除了人为的有人作梗，就是他不太符合传统的圣人标准。现在看到的阳明年谱为什么那么“干净”，就是因为他的学生们为了让他入孔庙，把可能引发异议的事迹都删削干净。要求一个实操型的人物是圣人，有点残酷。

说心即理只能是伦理不能是物理

整个宋明理学都弘扬道学，反对器学。明道、守道，阳明把这个道学变成了心学，从心里得“道”才能成功，从纸上从繁文缛节的事上得不了“道”。这是阳明坚决要把诚意放在格物前面的原因。意不诚你也格不了物，格了也白格。原子弹是人造出来的，只要是人造出来的就得通过人的意识心，你的“识”合了原子的道，才能成功，不然就是还得实验。物理与心理通在“理”上，这个理既独立于人的意志，你不能靠一厢情愿来让理成为你的，又须让你的心与此理同，这个道理本身就是天理，你的任何“私意”都会破坏这个理，破坏这个“同”。心即理，心外无物说的是这个意思，不是说你死了地球就不存在了。阳明没有那么傻。他要那么傻就被宁王擒拿了，我们就不“知道”世上曾经有过一个王阳明了。

其实伦理物理,只是“材料”不同,原理是一样的，都不能“主观唯心主义”——你把最爱吃得红烧肉给佛祖吃?

心即理的理论后果是万物一体。

回答书院朋友们的问题

東方明BILL问：孟子有性善论，而王阳明上来就说无善无恶心之体，两者是否矛盾？

孟子的“性善论”是人性论，和王阳明的“无善无恶心之体”没在一个层面上，王阳明无善无恶心之体是个哲学级别的东西，它不是人性论，它可以说是个真理论。“无善无恶心之体”首先要知道“心之体”，心体就是心的本体，我们凡人都生活在心之用上，我们都找不到“心之体”。谁能找到“心之体”？佛教明心见性的人，看见本来面目，开了悟的人可以说找到“心之体”了。道教的找到了天渊，找到了“道”的那个算是找到“心之体”了，儒家这个“心之体”呢，用王阳明的话说，这个“心之体”就是“良知”，“良知”就是“心之体”。再倒过来说，“心之体”就相当于“天”、道家的“太虚”，相当于佛教说的“阿赖耶识”“如来藏”“本来面目”，它都是一个根本的东西，它产生万事万物，它衡量万事万物。找到“心之体”了，你就是个有力量的人。找不到，你就是个软弱、脆弱的人。王阳明说打仗没什么方法，就是“不动心”。他的“不动心”就是找到心之体了,找到心之体,就抓住了本质,生活在本质当中,就不在现象里头左一下、右一下的了。

王阳明比喻说心体就是太阳，云彩把太阳挡住了，但太阳还是太阳，浮云遮日遮不了多久，就是遮住了，心体还在。即便人俗念丛生、坏事做绝，但根儿里边，“心之体”“良知”还是有的，这在哲学上叫决定论。

空空问：理不清“无善无恶心之体”与“致良知”的关系，不明白无善无恶心之体是什么样的状态？

“无善无恶心之体”其实是一个宇宙的节奏。王阳明一再说“善恶只是一物”，善恶不是两回事，过了或不及就是恶，正好就是善。天理人欲也是这个道理，该吃饭吃饭，该睡觉睡觉。有人问高僧什么是“道”，高僧说“饥来吃饭困来眠”，这就是“道”，但人们都不肯好好吃饭，好好睡觉，百般挑剔，骄奢淫逸的吃饭睡觉就是“过”。宇宙的法则，平衡最重要，阴阳平衡，百病不生。

“无善无恶心之体”和“性善论”是一致的关系，一点都不矛盾。申时行给皇上写奏折，把王阳明论证为符合孔孟之道的圣人。为了让王阳明入孔庙，他说王阳明心学的基本原则就是孟子的“性善论”，他的“致良知”学说就是《大学》的格物致知。意思像是说王阳明没有创见，完全符合传统，这样说好像显得王阳明没啥本事，都是重复古人的话，但也只有这样说，皇上才同意了让王阳明入孔庙，入了“孔庙”叫万世师表。帝王将相很快雨打风吹去，但成了圣贤，就“死而不亡者寿”了。颜回虽然三十多就死了，但是他永远活在儒学谱系中，这叫“寿”。

“无善无恶心之体”它其实包含了自由与多元，它是走向根儿上了。要是简单强调善和恶，就会走向极权，就走向单一，谁有权谁就是善的，你反对我你就是恶的。这时善恶的标准就成了武力、暴力、权力。必须超越这种层次的善恶之辩，才能走向究竟。王阳明“无善无恶心之体”就冲破了这种意识形态。为啥我特别强调王阳明的要害是“善良出能力来”，在“无善无恶心之体”中找到根儿以后长出来的，用心学逻辑看它才是善的，不是从这个根上长出来的，他就不一定是善的。

“无善无恶心之体”跟“致良知”更是一致的了，刚才说心之本体就是良知。我们平常有是非有计算的是心，而心体比心更往下，更往里，更往根儿上，更基础的东西。“无善无恶心之体”是本体论与功夫论合在一块儿的一种说法，致良知就是找到心本体的方法。把过和不及的东西控制住了，每天都在控制念头就是致良知的功夫，王阳明心学的价值在功夫论。致良知一个是获得自己的良知，再一个是实现良知。把良知实现到方方面面中去，悟了本体后，见了性以后，绵绵保任。行住坐卧、打仗、断官司、讲课都不耽误。

“无善无恶心之体”是什么状态呢？无善无恶心之体就是“太虚”，相当于天理与天道。譬如，“无善无恶心之体”可以启发我们，要用长时段的眼光看问题。我们的毛病是用百年的眼光看千年的是非，你要用千年的眼光看百年的是非呢？尺度影响看法。“无善无恶心之体”是宇宙观、世界观。四句教后面三句是由此延伸下来的，是往人生观、价值观、伦理观上延伸。容易获得共鸣的是伦理观。别人说王阳明会啥？就是良知呗。王阳明说我就会良知，不会别的。把良知找着了，去干各种事，遵循各种事的规律。你有了良知，你是工人就是个王铁人，当兵就是雷锋。把良知找到了，干啥啥都行。鲁迅说首先解决“做人”的问题，是个革命人就会写革命文，血管里流的都是血，水管里流的都是水。哲学都是文学，推理都是比喻，就是这个道理。安·兰德的哲学在小说和戏剧里，她的戏剧最能凸显她的哲学。真正的哲学不是抽象的东西，不是概念，它都在情境里头。王阳明的心学也是这样，突出了感性和感觉的地位，越突出感性和感觉的地位越能建立理性，这就是他全体大用的支点。

鹿鸣问：怎么评价蒋介石学阳明学？

毛泽东是把王阳明的功夫学到肚里去的，蒋介石学着做面子去了，到处讲知行合一、题字、改地名、号召把王阳明作为中国的立国精神，都是在玩词语、晒概念。他认为日本把王阳明哲学的余唾，渣渣沫沫的东西捡起来就能变成个强大的现代化国家，反过来打我们，我们自己的东西反而丢掉了，所以我们应该用王阳明的思想作为立国的精神。

蒋后来为啥失败了呢，就因为他不够真诚，心学的法门,要说有一个法门就是这个“诚”字,真诚的“诚”，不诚无物。心物沟通，心和物不是两个轨道，心物贯通靠的什么，就靠“诚”。有两个字可以放在心里记，一个是谦虚的“谦”，一个是忠诚的“诚”，要谦，诚。谦了之后会“空”，不会主观唯心主义，不会贡高我慢，谁都一样，好歹能谦一下就行。蒋介石败退大陆的时候，每天接到上百个坏消息，这个时候诚实地面对自己的内心了，心学给了他心力。到了台湾组织国民党学习毛泽东的《新民主主义论》《中国土地法大纲》，也“谦”了。周易六十四卦，我认为最核心那一挂是随卦，随卦是周易六十四卦活的灵魂，你们可以上网搜一下随卦，把卦辞抄在本上，随时提醒自己，随卦其实揭示了宇宙人际的一个真相。

这个“随”不是随波逐流，随波逐流失了本心就容易当汉奸。杨靖宇将军骂那些投降的：“中国人都这样就没有中国了。”心学的一个根本要求是：尊严精神！屈服了就没有人了。

蒋介石学王阳明剿匪，去江西剿毛泽东，结果让毛泽东把他剿到海那边去了。蒋介石在日记里提到他提倡的新生活运动是受到王阳明的影响，面对中华民族一团散沙，需要搞新生活运动。但是蒋氏父子只学了个形式。要害在哪里呢？心学家是革命家，他不能执政，王阳明要是执了政，就跟秦始皇似的，就是那种意识形态纯洁化，为了让大家意识形态纯洁，不惜焚书坑儒。章太炎说王阳明是独裁分子。

任何一个哲学，任何一个理论，都有它的限度、局限。比如佛教,唐僧取经回来后,佛教在印度灭亡了,后来又从唐僧取回来的经里面倒传回印度，这是文化传播史上的佳话。包括禅宗，玄奘取回来的唯识宗没过两代，经过灭佛烧书，就没东西了，禅宗就起来了。就像是把上海炸了，香港倒成气候了。这就是《周易》的阴阳学说，大至国事，小至个体都贯通着，意义都是贯通的。

长安问：毛主席年轻时写《心之力》，这么像王阳明，为什么毛主席不说向王阳明学习啊？

你看王阳明他也不承认他学了陆九渊，一辈子也不承认。毛主席不张扬学王阳明,这是毛主席的英雄处。英雄掩其来路。这也是中国人的特色，掩其来路，有时候他越是从哪里来的，越不说哪里好。不说自己跟谁学的。虚弱的才需要借别人的招牌来壮门面。王阳明到了 49 岁的时候，才第一次出面评价陆九渊。评价陆九渊的时候，王也没有说我跟他的学说有什么一致之处，不提，这都是一种艺术。但王阳明很有良心，他觉得陆九渊的后代没有受到国家的优待，这是很不合适的。陆九渊跟朱熹是一样的，都是圣贤，所以应该给他“出文集”，他的后代也应该享有体制供应。我觉得，毛主席跟阳明学的最重要的一点是“组织起来”，阳明成功的秘诀也在“组织起来”，包括办讲会、建书院。毛主席发现了用组织起来的方法改变民众一盘散沙的生存模式，让“民众大联合”、一切权力归农会，包括支部建在连上，毛主席不但能组织起来，还能化转开去，譬如把国民政府的国家抗战之有限游戏化转为人民抗战之无限游戏。心力不受束缚了，人能成为智人。人民不受束缚了，就成为创造历史的主人！

至于网上那篇《心动》，应该是“高仿”，不是原作。

附录

对话周月亮：让善良的人有力量

习近平同志多次强调：培育和践行社会主义核心价值观，贵在坚持“知行合一”。“知行合一”是阳明心学的核心，五百年来在东亚地区产生了极其深远的影响。作为国内写作王阳明传记的第一人,《中华英才》杂志社记者对中国传媒大学周月亮教授进行了采访，以下是访谈实录。

问：周老师，您好！您对王阳明素有研究，在您看来，王阳明是怎样的一个人？

答：现在王阳明的好些佚文出现了，这让我们得以看到一个全面的王阳明形象。过去王阳明的学生们为了把他打扮为一个可以入祀孔庙的圣贤形象，给他编年谱和文集时，把不适合入祀孔庙的内容删干净了。

他之剿匪和平叛，都是因为他的心是一颗英雄的心，这也是王阳明和同时期的湛甘泉等纯儒的人的不同之处，王阳明是实践型的侠儒。

在生活中，王阳明是一个有真性情的人。他不是那种酸文假醋的人，整天端着架子、一本正经的。他从小就活泼好动、淘气非凡，长大以后也是个“孙悟空”式的人物,在官场里头待不住。王阳明是一个英雄，也是一个隐士。他内心里的隐逸之气特别强悍，他喜好游山玩水，他的诗除了朋友应答就是写游山玩水。他尤其喜欢在寺院里住，所到之处的好寺院、好道观都住过，跟很多和尚老道交了朋友。王阳明有出世的超越的气象，为了贴近他我每天都看一点陶渊明。王阳明是一个多棱镜，在某一个侧面他跟陶渊明很契合。但是王阳明之所以能够入祀孔庙，还是因为他自始至终坚持了儒家的核心价值观，所以他还是大儒。

儒、释、道三家相通，在精神基础上尤其相通，但是在核心价值上不一样。王阳明在技术层面采用的是道家、禅宗的方法，他让几个大弟子私下里悄悄地读《坛经》，但是不敢说出来。但是与道家、禅宗不同的是，他坚持要把责任尽到底，对祖母、父亲、夫人、弟弟、侄子、孩子把责任尽得无可挑剔，当官时又对老百姓尽职尽责。他有一种尽天则的奉献精神，这是那些高僧大道们所不具备的，那些人基本上是自了汉，为了把自己安顿好而远离凡尘。用佛家的话说，王阳明是菩萨，乘愿而来，救苦救难。有事时，从水深火热中救；无事时，从思想文化上救。他觉得科举制度以来知识分子追名逐利道德败坏，真正的圣学淹没了，他就到处讲学，弘扬圣学。

王阳明少年时参加科举走上仕途，起初他还是奉行“得君行道”的传统模式，就是“得到皇上的信任然后去实行大道”。后来刘瑾打了他板子发配贵州，他在龙场悟道，悟出的“道”中就包含了他看透了所谓的“得君行道”，依靠专制体制、流氓皇帝是不可能行道的，所以他就调过头来，向平民讲学，启蒙大众。

思想史上把王学列为启蒙思潮，就是解放思想、解放个性的思潮。毛泽东说慧能是平民宗教家，慧能是个樵夫，大字不识，他创了禅宗，我们也可以说王阳明是平民思想家。

问：阳明心学产生于帝制时代，具有浓厚的传统文化色彩。对于现代社会，您认为阳明心学有什么意义？

答：杜维明说，五百年来在东亚，儒家思想的源头活水就在王阳明。阳明心学对现代社会的意义非常大，这也是为什么习近平多次强调王阳明思想是中国思想精华。在现代社会，最重要的一件事就是把自己的心找着。现代社会声光化电、声色犬马，高度发达的物质把精神埋没了。我们的教育也出了问题，跟人格教育不挂钩。现在什么都发达就是失去了本心，这就是孟子说的"把心放出去了"。学心学的目的是什么？求其放心，把放出去的心找回来，这就是心学对我们今天的拯救意义。最简单来说，现代社会纷纷扰扰，你的心老安不下来，心学能让你安心。

心学也让你有力量。我们之所以痛苦是因为我们无能，王阳明的心学是能量之学，能够给予我们能量。一般有本事的人不善良，善良的人没本事，这是常人很不完美的状态。好多有本事的人不善良，好像一善良本事就发挥不出来了，道德好像是束缚能力的。王阳明说不是，其实道德正好能让人干成事，这才是道德的本来面貌。心学讲“知行合一”，完全把天理落实到意念、思维、语言、行为上，从“致良知”上得来力量。朴素点说，就是善良出能力。在现代社会，能力里面固然须有更多的技术要素，但是心态更能左右技术发挥作用，鉴空衡平的良知能够让你超越强横与脆弱之上，能让你最谦抑最无畏地圆融起来。

问：作为王阳明研究专家，您是怎么接触到阳明心学的？心学对您本人有什么意义？

答：心学对我本人的意义就是使我更加坚定地走

自己的路，做我自己想做的事。我过去爱看《思想杂谈》，那是“文革”前的一种以书代刊的不定期杂志，净驳斥些主观唯心主义、心中无花眼中无花什么的。我接触这本杂志的时候还没上初中，当时也就是泛泛地看，但是觉得王阳明说的有道理，批判他的人太武断。批判他的人说，既然你说心中无花眼中无花，那你去撞大山看能不能撞死，把你扔进大海看你能不能淹死，这是一种非常粗糙的批判方法。“心中无花眼中无花”不是认识论，而是一种价值论，从思维技巧的角度讲就是“专心”，你的注意点在那里你就能发现，你不注意就发现不了。他不是说没有去过泰山泰山就不存在，这不是一个意思，根本不沾边。还有，心学反对“以恶为能”，当时流行的“阶级斗争一抓就灵”，批心学是麻醉剂、迷魂汤，他和“曾剃头”（曾国藩）都是镇压农民起义的刽子手。我就想为啥不批岳飞呢，他更是镇压农民起义的刽子手？那时候起的疑情可能是“种子”，我第一次写《王阳明大传》的时候用中性的“暴民部队”来指称那些“巢贼”。那时，阳明最有名的话是“破山中贼易，破心中贼难”，当然主要是突出前一句。现在想来，心中贼的主要表现就是“以恶为能”，今天黑社会的价值观也是以恶为能。以恶为能只会让人类日趋残酷。为善去恶是天理！“心即理”是说天理不在外面，在心里头，心本来和天理是一样的，只是我们的私欲把这个良心淹没了，无法体现天理了。

心学和西方的形而上学、德国的古典哲学能说到一块儿去，它是属于全人类的精神哲学范畴。我对精神哲学情有独钟，就找了心学这个突破口。找这个突破口是偶然的，有个书商叫我写王阳明传，我就好好开始看王阳明，一边看一边写，“叫花子打狗边打边走”，越写越觉得服膺。1998 年书写完了，是国内第一部王阳明传，因为基本上没怎么发行，也就没什么影响。

问：您认为心学有什么不足之处？

答：古代社会是一个简单社会，带有道德万能色彩，现代社会是个复杂社会，是经济社会，道德不可能万能。王阳明把好多问题简化了，他让你从纷纷扰扰里寻找简单的东西，从“多”中寻找“一”，所以他能使你安心。但当你面对“多”的时候，还是应该要具体问题具体分析。从大的哲学上讲，心学没什么瑕疵，他与唯心主义毫不相关。他是“唯唯心主义”，极其唯心，但和我们常说的唯心不在一个层面上。在哲学上，心学没有方向性的毛病。

问：阳明心学的传播是一个渐进接受的过程，评价对待一度趋于两极化，您能详细说说这方面的情况吗？

答：今天我们讲56个民族56朵花，当年可不是，孙中山鼓吹“驱逐鞑虏，恢复中华”，是要把清朝作为首要斗争目标。清进关以后，就怕汉人有思想，就怕汉人结党，而阳明心学的传播靠的就是门徒们建立各种书院、组织各种学会等。阳明又主张良心，而清朝要的是奴才。章太炎专门写了一本书叫《訄书》，研究“四库全书”中的哪些书原先就烧了，哪些书禁了，哪些书修改以后收到四库全书。在鲁迅的文章里，你也能看见清朝统治者的文化钳制政策如何严酷，他们用那套手段来统治人，而不是为了延续光辉灿烂的汉文化。

即使在明代，阳明心学也不是一帆风顺。统治者认为王阳明的心学泛滥以后就是洪水猛兽，会破坏世道人心，把他的学说列为伪学。后来还是他的徒孙徐阶给他正了名，说他的心学不是独出心裁，而是孟子的嫡传，算是恢复了他的学说合法性。到了申时行主政时期，因为大明朝二百多年过去了，只有两个人入了孔庙，觉得不体面，所以需要再找个人入孔庙，选拔来选拔去就是王阳明。

阳明觉悟以后不走“得君行道”而走“觉民行道”这条路，他的定位就是一个“传教士”。他走到哪儿讲学到哪儿，江西、广西、贵州、浙江，都留下了他讲学的足迹。他的学生又分成几派，在江西的是一派，浙江的是一派，还有泰州的左派王学。泰州的那一派走的是激进的一条路，又分成几派，当然也有流弊，就是空谈心性。按清初大儒王夫之的说法，历史上最坏的两个人，一个是王安石一个是王阳明，王安石搞变法把中国搞坏了，王阳明讲心学把汉文化讲断了，亡国亡在王阳明身上了。王夫之与顾炎武在这一点上不谋而合。王夫之是古典文史哲的理论高峰，但心学亡国是文化决定论，像心学这种思想文化是既不能亡国也不能立国的。

问：阳明心学对日本的影响之大也是世所共睹的，您怎样看待心学在日本的传播和影响？

答：有个日本人总结特别好，阳明学有两面，一是事业的一是枯禅的，中日各得其一，日本人得了事业的，中国人得了枯禅的。心学是事功的，不是坐而论道，心学人都是肯办事能办事的。心学讲究敢担当，不怕事，而且要在事上磨。日本人认为他们学到了阳明学建功立业的一面。

“真传”这个东西是不存在的，传统没有一个刻舟求剑那样的刻度，只有它是真的，别的都是假的。日本能把心学的根本精神弘扬，那就是得其真传；失掉根本精神，那就是失其真传。日本学习中国的时候讲求“和魂汉才”，大和民族的魂不能丢，这是体、是根，其余的像建筑、官制、学校、语言文化都可以学。明治维新以后，他们觉得中国不行了，开始讲求“和魂洋才”，在大和魂不变的基础上，学习西方的电气、机车,等等。所以日本人怎么可能得到中国的真传呢?人家也觉得没那个必要。另外，所谓的“和魂”也不是一个固定的东西,《古事记》时的和魂是一个状态，“明治维新”时的和魂是另一个状态。像中国的唐宋元明清，每个时代的精神是一样的吗？不一样。传统是一个传中之统，在传播中形成的一个系统，叫传统。

至于日本发动战争乃至不忏悔，这可不是受了阳明的影响。阳明说悔悟是去病的药。能够悔悟就有点宗教力道。蒋介石恨中国人不接受阳明学影响，连他本人也没接受到心里去。影响与接受是个复杂至极的问题。接受侧的因素更重要些。一个人的学习能力决定一个人的格局，一个民族的学习能力决定一个民族的大气象。心学在今天受重视，令人鼓舞——但愿有志之士学到心里去。

问：您几次提到“人格教育”，这是一个值得重视的大问题。“人格教育”有很多实现途径，对当代大学生来说，如何对自我实现“人格教育”呢？

答：读好书，包括读传记文学。胡适说过，为什么西方治了就不再乱了，因为他们有上千年的大学，中国为什么治乱循环，因为中国没有上千年的大学。怎么补救？胡适认为只有给伟人写传，用伟人的人格去感化整个社会。我们现在教育就是缺人格教育，读传记可以弥补一些人格教育，所以希望大学生多读一点传记。西方有的人一辈子不写别的，就写传，从米开朗基罗传写到凡高传，写凡高的《渴望生活——凡高传》对我们这一代人影响极大。苏联有个专门给哲学家写传的，如写康德传、黑格尔小传，把康德哲学、黑格尔哲学用传记的语言表达出来，我自己觉得比读哲学史收获大，可以摸到大师的感性思路。还有一个勃兰兑斯用轶事写文学史，就把大作家写活了。所以希望大学生博览群书时多看些传记，也算为己之学吧。

湖梅堂主人写

散步

编后记

一场没有终局的“游戏”

程 林

每当书籍与人相遇，都是一场“谈判”。在这场“谈判”里，双方是没有剧本的“游戏”关系，且无法判断输赢。每个词，每句话，都增加了这场“谈判”里的不确定性。而每一次真正的触动，都必须有原创的回应，才能让游戏继续。文化，就是这样的“无限游戏”。通过一次次心与心的触动，千年文化命脉得以不断生成。

《阳明心学十九讲》是围绕王阳明而进行的“谈判”，旁征博引，笑谈古今，提供新的视域和一系列新的可能性，为的也是让阳明心学这场“无限游戏”继续光明下去。本书是周月亮先生在现代阳明书院的讲课实录、线上直播录音转成的精华文字版，最大限度地保留了现场的讲课风格和语感，“苦吟派”的周老师自然又反复修改、补充加工，本书算是传世阳明书院的奠基礼了。

20年前，先生写出了《王阳明大传》，此后又一直修润增删，不断贴近阳明的意识和感觉，直到2016年版的《王阳明传》，先生说：“终于对得起阳明了。”书院是阳明的最大作品，如今创建阳明书院也是为了让书院事业薪火相传。心学讲知行合一，讲担当，大抵就该如此吧。

这本书是先生说出来的王阳明，如同雪夜煮茶，围炉夜话，好像在聊一位再熟悉不过的老朋友，而这样说出来、聊出来的阳明比写出来的阳明，更感性，也更亲切，充满了烟火气，阳明在书里是我们共同等待的那位“风雪夜归人”。事上磨炼的阳明，从来不是高高在上的样子，他是从泥地里和战场上走出来的，他是活泼的、阳刚的、一生多变的。20年来，一直在贴近阳明感觉的周老师，让我们获得一个多面的、未被神话的阳明，一个“豪放得忧伤，天真到狡猾”的阳明，一个精警而隐逸的阳明，一个最接近真实的王阳明。

先生告诉我们：阳明心学可以成为这个体验时代的理论根基，并通过心与心完成点对点的传播，让互联网时代的人从“心”出发，找到生命的感觉，生存的意义。它是一道从心体发出来的光，是从千年文化积淀里发散出来的引力波，也是拯救人性溃退的一个好药方。阳明生前说过“信不信随你，但不要做坏了我救人的方子”。

我们每个人都在通过哲学不断地同自我进行谈判和游击战，心学是能给我们内心以力量的哲学，在阳明心学这场“无限游戏”里，谁都可以成为参与者，无论何时，无论何地。但光大心学于今时，既要靠周先生这样的“燃灯者”“守夜人”，也要靠新时代重体验、寻意义的书院新人。

此刻，现代阳明书院正在寻找这样一群心学小伙伴:立大志、勤小务、懂内容、会运营、能长征、善协同。欢迎心有光明的你，加入我们，让我们共同为这个快速幻化的人间，点一盏不灭的心灯。

不必等待炬火，若世间无炬火，我们便是炬火!

最后，感谢做过录音、转录文字的师兄妹们，感谢艺术家姜志平为本书创作插图，感谢故宫出版社，尤其是宋小军先生的心心相印。

烹茶

周月亮

现代阳明书院创始人，中国传媒大学教授，博士生导师。当代“心学”名家。著有《王阳明传》《王阳明内圣外王的九九方略》《孔学儒术》《儒林外史与中国士文化》《影视艺术哲学》《水浒智局》《中国古代文化传播史》等。曾主编《历代大儒传》。

微博搜索关注“中传周月亮”和“现代阳明书院”可了解周老师更多作品内容。

扫码关注“现代阳明书院”微信公众号，可获取最新的王阳明研究成果。

图书在版编目（CIP）数据

阳明心学十九讲/ 周月亮著. —北京:故宫出版社，2018.6

ISBN 978-7-5134-1145-5

Ⅰ.①阳… Ⅱ.①周… Ⅲ.①王守仁（1472-1528）-心学-研究 Ⅳ.①B248.25

中国版本图书馆CIP数据核字（2018）第157822号

阳明心学十九讲

周月亮　著

出 版 人：王亚民
责任编辑：宋小军　骆　艳
责任印制：常晓辉　顾从辉
装帧设计：王　梓
出版发行：故宫出版社

地址：北京市东城区景山前街4号　邮编：100009
电话：010-85007808　010-85007816　传真：010-65129479
网址：www.culturefc.cn　邮箱：ggcb@culturefc.cn

印　　刷：北京久佳印刷有限公司
开　　本：787毫米×1092毫米　1/32
印　　张：12
版　　次：2018年6月第1版
　　　　　2018年6月第1次印刷
印　　数：1～6000册
书　　号：ISBN 978-7-5134-1145-5
定　　价：66.00元